LA

MARINE FRANÇAISE

SOUS LOUIS XVI

LE BAILLI DE SUFFREN.

BIBLIOTHÈQUE

DES ÉCOLES ET DES FAMILLES

LA

MARINE FRANÇAISE

SOUS LOUIS XVI

PAR

A. MOIREAU

PARIS

LIBRAIRIE HACHETTE ET Cⁱᴱ

79, BOULEVARD SAINT-GERMAIN, 79

1884

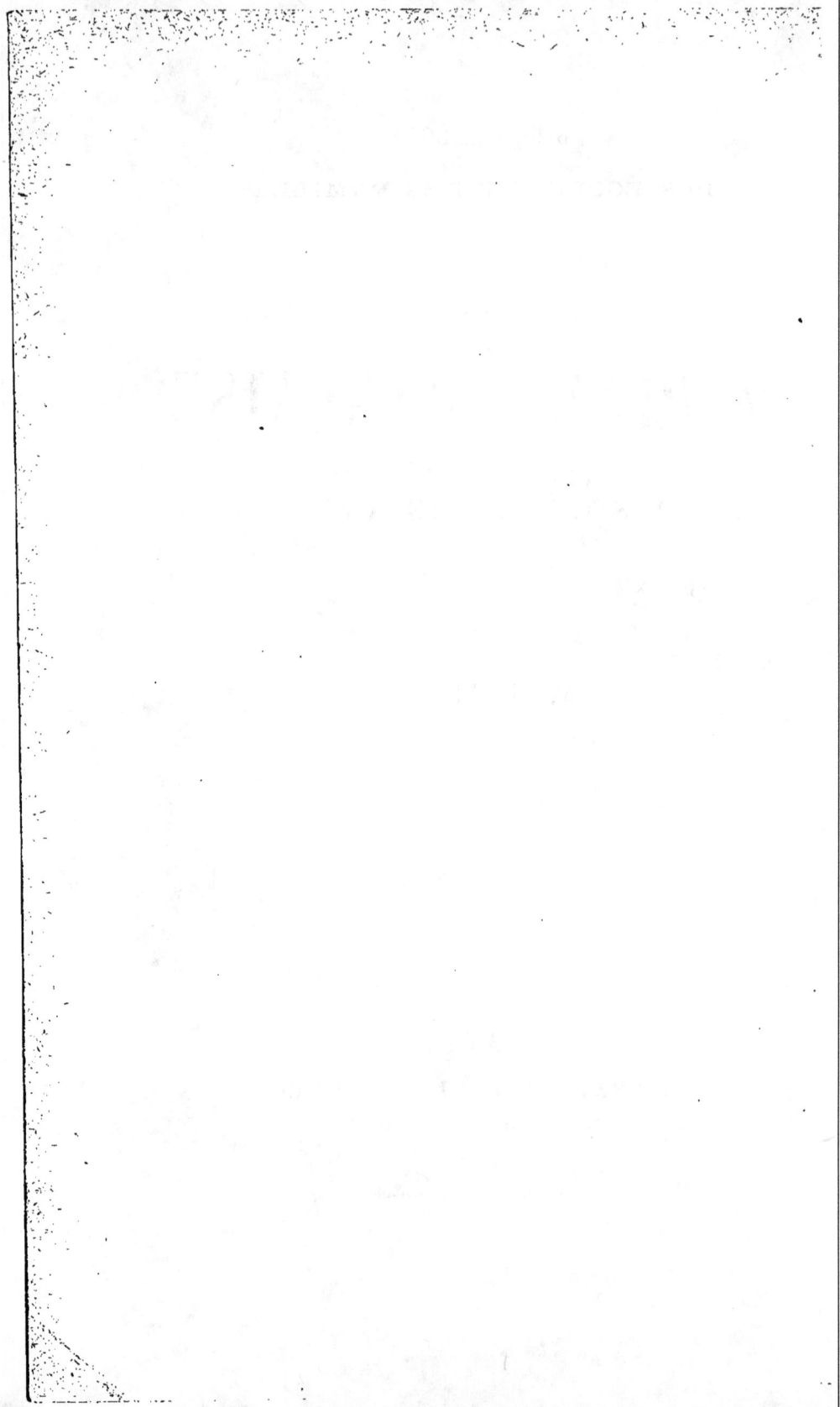

AVANT-PROPOS

La France a un développement de côtes de plus de cent cinquante lieues sur la Méditerranée et de plus de quatre cent cinquante sur l'océan Atlantique, la Manche et la mer du Nord. Ses rivages sont découpés de baies, de rades, de havres naturels, que le travail séculaire de l'homme a creusés en ports profonds et larges. Son sol est fertile, sa population dense, courageuse, portée d'instinct aux entreprises hardies. Elle était ainsi destinée, par sa situation sur deux mers, par le dessin de son littoral, par le génie de ses habitants, à devenir une puissance maritime, capable de porter son commerce et ses armes sur toutes les mers, et d'implanter sur tous les points du globe, par la fondation de colonies nombreuses et prospères, l'influence de son nom et de ses idées.

Mais la France tient par ses frontières de terre à plusieurs grands États européens; le cours de son histoire nous la montre constamment mêlée aux luttes du continent, soit qu'elle envahisse le territoire de ses voisins, soit qu'elle ait à défendre elle-même son propre sol contre l'invasion étrangère. Elle est donc devenue, sous l'empire d'une nécessité plus pressante encore, une puissance continentale.

C'est pour cela que notre pays n'a pas pu, à toutes les époques, donner la même attention au développement des avantages que lui assurait sa situation maritime, et qu'il n'a tenu sur mer que le second rang, tandis que l'Angleterre, avec sa position tout insulaire, ne pouvant avoir d'action réelle et suivie sur les destinées du continent que par ses vaisseaux, ne s'est jamais laissé détourner par aucun évènement de sa sollicitude pour la marine. Le nombre et la force de ses navires, l'excellence d'un personnel formé sous l'empire d'une tradition constamment respectée, l'étendue de ses relations commerciales et l'immensité de ses possessions coloniales ont fait de la Grande-Bretagne la première puissance maritime du monde entier, situation dont elle a dépossédé successivement l'Espagne, la Hollande et la France elle-même.

L'histoire de notre marine nous offre donc, au lieu du développement continu qui a porté la marine anglaise au point de perfection où l'ont vue arriver les temps modernes, une série alternée de périodes brillantes et d'éclipses plus ou moins prolongées. Sans remonter plus haut que le XVIe siècle, nous voyons François Ier, possédé de l'ambition d'avoir une marine permanente, faire construire de nombreux navires et creuser le port du Havre pour les abriter. Sous son règne le commerce maritime prend un grand essor; la Nouvelle-France (Canada) est découverte et occupée. Mais les guerres de religion anéantissent ce commencement de puissance navale, et Henri IV n'a pas le temps de reprendre l'œuvre. Richelieu au contraire, sous Louis XIII, appelle de tous côtés des constructeurs étrangers, fonde des arsenaux et en quelques années dote la France de deux flottes, que Mazarin, distrait par les troubles de la Fronde, laisse dépérir. Sous Louis XIV, Colbert et après lui son fils Seignelay portent d'un seul coup la puissance maritime de la France à son apogée. Les flots de la Manche et de l'Océan sont alors sillonnés d'armements formidables, comprenant jusqu'à cent vaisseaux français; notre commerce extérieur est en pleine prospérité, tandis que nos corsaires font un mal énorme à celui de l'ennemi. Nos établissements au delà des mers se développent avec rapidité. La seconde moitié du XVIIᵉ siècle et la première moitié du XVIIIᵉ sont pour la France une époque de puissante expansion coloniale. Mais la décadence de la marine commence dès les dernières années de Louis XIV et s'achève sous Louis XV par la ruine de toutes nos flottes et la perte de presque toutes nos colonies.

Il semblait bien, au moment où les ministres de Louis XV signaient le traité de Paris qui nous enlevait le Canada, que la France dût renoncer à tout jamais à disputer à l'Angleterre l'empire des mers. On avait vu cependant plus d'une fois notre marine ressusciter d'une destruction presque complète. La France n'avait plus de vaisseaux; un ministre prévoyant et patriote en fit reconstruire; il nous restait un personnel d'officiers et de matelots, connaissant bien et aimant leur métier, des

marins déjà illustres, d'autres brûlant de le devenir,
d'habiles et savants ingénieurs. Il suffit de quelques
années d'une impulsion énergique et intelligente pour
faire surgir des hontes du règne de Louis XV la brillante
marine de Louis XVI, cette étonnante et glorieuse résurrection de l'ancienne marine du Grand Roi, pour créer
et armer ces flottes qui pendant cinq années, de 1778 à
1783, tinrent en échec sur l'Océan, dans la Manche, aux
Antilles, dans la Méditerranée et jusque dans l'Inde,
toutes les forces navales de la Grande-Bretagne, et ai-
dèrent les colonies anglaises de l'Amérique du Nord à
conquérir leur indépendance.

Nous nous proposons de présenter dans les pages suivantes l'histoire succincte de ces cinq années qui peuvent compter parmi les plus honorables et les plus belles
de nos annales maritimes, de raconter les hauts faits par
lesquels se sont illustrés d'Estaing, d'Orvilliers, de Grasse,
Lamotte-Picquet, Suffren, d'exposer comment ces vaillants officiers se sont montrés à la fin du XVIIIᵉ siècle,
entre la double éclipse maritime de la France sous
Louis XV et sous le premier Empire, les dignes émules des
Duquesne et des Tourville. Non pas qu'ils aient remporté
sur les flottes ennemies de ces victoires éclatantes qui
terminent une guerre et assurent pour un temps la domination sur mer; les grandes batailles navales livrées de
1778 à 1783 ont été, sauf une, des batailles indécises, et
nous avons subi une grande défaite. Ce qui a rendu si
glorieux le rôle de notre marine pendant cette courte période, c'est qu'elle apparut tout à coup, après quatre-

vingts années de décadence, plus capable qu'elle n'avait jamais été de tenir tête aux flottes anglaises si nombreuses et si admirablement équipées; c'est qu'elle fut commandée par des officiers qui se trouvèrent, au point de vue de la science, de la tactique, des manœuvres et des évolutions de la grande guerre d'escadre, les égaux des plus renommés parmi les amiraux d'Angleterre, les Keppel, les Byron, les Howe, les Rodney; c'est qu'enfin, lorsque la paix vint arrêter les hostilités, nos escadres promenaient fièrement sur tous les océans le drapeau national, et qu'après cinq années de lutte acharnée, la Grande-Bretagne, perdant tout un continent au delà de l'océan Atlantique, se reconnaissait, provisoirement au moins, impuissante à reconquérir la suprématie navale que depuis bientôt un siècle elle n'avait cessé de considérer comme son apanage naturel.

Ce récit ne présenterait pas tout son intérêt s'il était isolé de ce qui a précédé l'époque particulière qui est son objet principal. La marine de Louis XVI n'ayant été, comme nous l'avons dit, qu'une brillante et, malheureusement, éphémère résurrection de la marine de Louis XIV, il nous faut exposer d'abord en quelques pages comment s'était formée notre puissance navale du XVIIe siècle, ce qu'avait produit cette puissance et les raisons de la décadence dont elle fut frappée, jusqu'au jour où les efforts d'un ministre patriote et l'occasion d'une belle revanche à prendre vinrent lui rendre, pour quelques années, la vie et comme un brillant reflet de son ancien éclat.

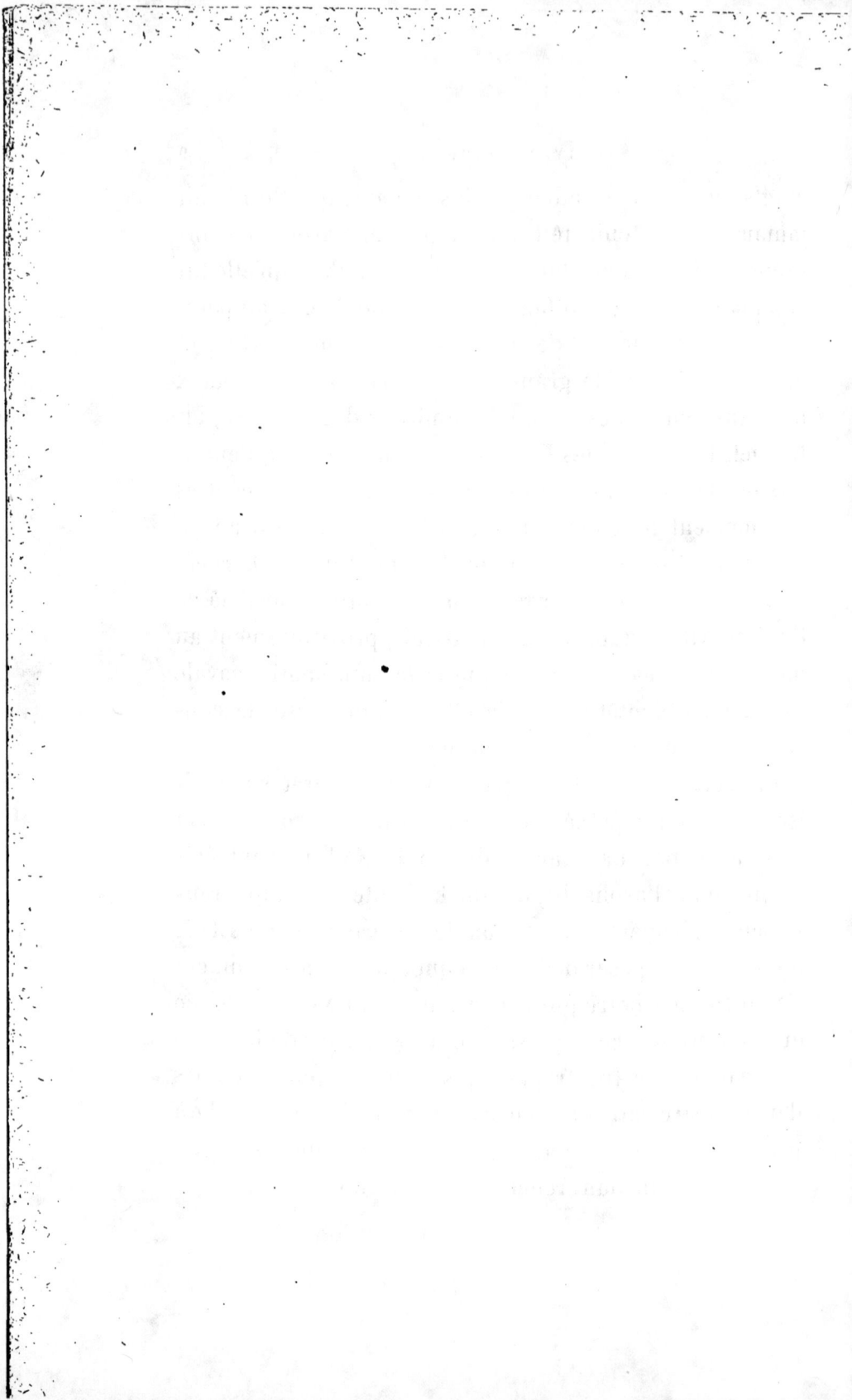

LA
MARINE FRANÇAISE

SOUS LOUIS XVI

PREMIÈRE PARTIE

L'ANCIENNE MARINE

CHAPITRE PREMIER

AU MOYEN AGE

Vaisseaux longs et vaisseaux ronds, galères et nefs. — La marine à l'époque
des croisades. — L'amiral de France. — Les grandes flottes sous les Valois.
— Une première tentative de descente en Angleterre. — La tactique navale
au moyen âge. — Boussole et artillerie. — Gros vaisseaux. — François Ier
veut une marine. — Le Havre. —- Exploits des galères. — Prégent de Bidoulx.
— Le baron de La Garde. — Plus de marine sous les derniers Valois.

Sous Louis XVI, on ne connaissait plus comme vaisseau de
guerre que le grand navire à voiles, aux trois mâts élancés,
aux flancs larges et hauts, percés d'embrasures pour ses
quatre-vingts ou cent bouches à feu. On avait depuis longtemps oublié la galère, ce navire favori de l'antiquité et du
moyen âge, aux formes grêles, basses, instrument agile que

ses longues rames dérobaient aux caprices du vent, et que le XIXᵉ siècle a vu renaître sous la figure nouvelle du bateau à vapeur.

Construite pour la marche rapide, sur le modèle du poisson effilé, la galère sillonnait depuis des siècles les flots de la Méditerranée, et constitua jusqu'à l'époque de la Renaissance, jusqu'à l'invention de la boussole, l'unique élément de la marine militaire des peuples de l'Europe méridionale. Sur l'Océan la galère perdait une partie de ses avantages ; peu faite pour les longs parcours, avec ses bords peu élevés au-dessus de l'eau, elle résistait mal aux tempêtes.

Les peuples du nord et de l'ouest de l'Europe eurent au contraire le vaisseau rond, lourd d'aspect, disgracieux d'allure, présentant une certaine ressemblance avec le palmipède dont il avait la lenteur majestueuse, mû par la voile, tenant bien la mer par un gros temps. Galères ou vaisseaux ronds, les navires du moyen âge n'avaient qu'un faible tirant d'eau et s'éloignaient peu des côtes. Les galères de la Méditerranée étaient appelées aussi vaisseaux *de bas bord*, à cause de leur peu d'élévation au-dessus du niveau de l'eau, tandis que les vaisseaux ronds, connus sous le nom général de *nefs*, étaient aussi appelés vaisseaux *de haut bord*, à cause de la grande hauteur de leurs flancs, qui leur permettait de soutenir l'assaut des plus grosses vagues.

C'étaient déjà des vaisseaux de haut bord, de forme bien primitive encore, il est vrai, que possédaient les Vénètes, cette peuplade du pays de Bretagne à laquelle César, le conquérant des Gaules, infligea une célèbre défaite navale. Construits en bois de chêne très dur, à carène plate, avec la poupe et la proue très élevées, les navires des Vénètes avaient leurs mâts garnis de voiles en peaux amincies. De tels bâtiments étaient incapables de se mouvoir rapidement. César fit construire des bateaux à rames, légers et rapides, sur lesquels il embarqua des légionnaires romains ; la flotte ennemie,

réduite à l'immobilité, c'est-à-dire à l'impuissance, fut prise
à l'abordage et brûlée. La galère avait vaincu la nef.

Il en fut de même à peu près pendant tout le moyen âge,
et le vaisseau rond ne paraissait bon qu'au transport des
troupes et au commerce. C'est sur des nefs à fond plat, tirant
peu d'eau, ressemblant à de grands cygnes, que Guillaume,
duc de Normandie, fit passer son armée en Angleterre. Il y en
avait près de quatre cents, réunies à l'embouchure de la Dive.
Quelques-unes portaient à l'arrière, sur le pont, de hautes constructions en charpente appelées *châteaux*, se terminant par
une plate-forme crénelée pour les archers et les frondeurs. Des
boucliers rangés sur les bords, pour servir de rempart aux
soldats, constituaient un premier essai de blindage.

Les Mérovingiens n'eurent pas de marine. Charlemagne fit
construire un grand nombre de bateaux qu'il posta à l'embouchure des fleuves et qui devaient se porter rapidement
sur les points des côtes voisines où les Barbares du Nord ou
du Sud, Northmans ou Sarrasins, pourraient tenter une descente. Le grand empereur visitait lui-même les ports principaux de ses États, Boulogne surtout, dont il avait fait son
arsenal le plus important ; il s'intéressait aux choses de la
mer et donnait des ordres concernant la forme et la dimension des navires qu'il faisait construire.

Ses successeurs n'eurent point le même souci, et laissèrent
pourrir dans les ports les bateaux de Charlemagne, sans s'occuper de les remplacer. Les pirates purent exercer en toute
sécurité leurs ravages, remontant les fleuves de France, et
venant impunément piller les plus riches villes de l'intérieur
du royaume.

Les premières expéditions des Croisés se firent par la voie
de terre : la marine y eut donc d'abord peu de part ; cependant ce grand mouvement des peuples d'Occident vers les
régions orientales, pays de Constantinople, Grèce, Syrie,
Palestine, Égypte, détermina bientôt une merveilleuse acti-

vité maritime sur tout le littoral méditerranéen. Les ports
d'Italie furent les premiers à en profiter. Venise, en peu de
temps, devint maîtresse du commerce de l'Orient, et couvrit
les côtes du Levant de ses comptoirs, où s'échangeaient les
produits des contrées les plus lointaines, employant à ce
négoce plus de trois mille navires et quarante mille matelots.
D'autres villes, comme Pise, et surtout Gênes, disputèrent à
Venise le monopole du commerce maritime. Les Génois pos-
sédèrent les faubourgs de Péra et de Galata à Constantinople,
des stations sur tous les points de l'Archipel, des ports sur la
mer Noire ; ils recevaient un tribut des rois de Chypre. C'est
sur des navires de Gênes que Philippe-Auguste dut s'embarquer, lorsqu'il voulut gagner la Terre Sainte par mer. Les
vaisseaux vénitiens transportèrent souvent aussi des Croisés.

Lorsque Louis IX voulut à son tour partir pour la croisade,
il lui parut humiliant de ne pouvoir compter que sur des
navires étrangers, et il fit chercher tout ce que les ports de
son royaume pourraient lui fournir de galères et de nefs. Le
rendez-vous général de la flotte était à Aigues-Mortes, cet
ancien port méditerranéen, aujourd'hui comblé, comme tant
d'autres havres sur la même côte. Il arriva en effet quelques
nefs des rivages de l'Océan, mais surtout des bateaux de
charge et plusieurs galères de Marseille et des petits ports de
la Provence et du Languedoc ; il fallut cependant louer à des
Italiens la plus grande partie de la flotte et donner le commandement du convoi à deux Génois, bien que le roi eût
créé, pour diriger et développer la marine naissante du
royaume, une charge d'amiral de France, dont le premier
titulaire fut 'Florent de Varennes. Les nefs du temps de
Louis IX avaient en général deux mâts, trois ponts dont un
coupé, un grand château de bois à l'avant et à l'arrière, des
flancs très rebondis et surmontés d'un bordage crénelé.

Lorsque les armées chrétiennes eurent été chassées des
pays d'Orient, le commerce sut s'y maintenir. Les négociants

français des ports de la Méditerranée conservèrent, à l'exemple des Vénitiens et des Génois, des comptoirs en Syrie : Marseille fut en peu de temps comme un grand bazar rempli des produits de l'Orient. Montpellier rivalisait avec Marseille ; Béziers et d'autres villes du littoral, ne communiquant avec la mer que par des embouchures de fleuve, furent des ports très prospères, les navires à faible tirant d'eau étant alors en grand usage. Les armateurs, outre les profits du commerce, faisaient encore d'excellentes affaires en louant leurs bateaux aux souverains qui voulaient faire la guerre. Narbonne, à l'époque des croisades, fut en état d'équiper et d'armer des flottes de plus de vingt galères.

Sous Philippe le Bel commence la longue histoire des luttes navales entre la France et l'Angleterre. La royauté n'avait pas encore de marine militaire proprement dite, mais du moins elle pouvait trouver les éléments de ses flottes de guerre dans les ports marchands de France et n'était plus obligée de les emprunter exclusivement au commerce étranger. Le XIIIᵉ siècle touchait à sa fin, lorsque l'annonce d'une guerre avec l'Angleterre fit sortir de Saint-Malo et des ports de Normandie toute une flotte française ; Rouen avait fourni quinze galères et plusieurs nefs, Caen seize nefs, Honfleur trente galères, Dieppe quarante nefs, Étretat quatorze nefs, Cherbourg huit nefs, etc.

Nous avons dit que Louis IX avait créé une charge d'amiral de France. Depuis longtemps chacune des provinces maritimes, duchés ou comtés, avait son amiral particulier. Il y avait ainsi un amiral de Bretagne, un amiral de Guyenne, un amiral de Provence, etc. La royauté seule n'avait pas eu jusque-là le sien ; désormais, lorsque le roi équipera quelque flotte dans les havres et ports des seigneurs ses vassaux, les amiraux particuliers devront abattre leurs pavillons, en signe d'hommage, devant le pavillon de l'amiral de France.

Aussi voyons-nous les premiers Valois réussir à former dans

la Manche des armements vraiment formidables, au moins par
le nombre, sinon par la force des bâtiments. Sous Philippe VI
l'amiral Hugues Quiéret commande une flotte imposante de
cent quarante vaisseaux normands, picards et bretons, grossie
d'un contingent de galères génoises. Il est vrai que ce grand
rassemblement de navires, difficile à manœuvrer et à conduire, alla s'entasser maladroitement dans une baie étroite
sur la côte de Flandre, et y fut détruit, après un beau combat,
par une flotte anglaise.

Ce n'est plus seulement de cent à deux cents navires, c'est
plus de sept cents bateaux de toutes formes et de toutes
dimensions que le roi d'Angleterre Édouard III amène devant
Calais, dont il entreprend le siège ; de tous ces bâtiments,
vingt-cinq seulement sont propriété royale ; tout le reste,
selon l'usage constant, avait été loué aux commerçants dans les
divers ports du royaume britannique. Édouard III avait même
frété des navires jusqu'en Espagne.

Sous Charles V, une flotte française composée pour une
bonne partie de nefs du royaume de Castille, et commandée
par un amiral castillan, Ambrosio Boccanegra, remporte une
brillante victoire sur une flotte anglaise devant La Rochelle.
Puis les forces navales du royaume passent sous le commandement de l'amiral Jean de Vienne, une des plus pures et des
plus belles gloires maritimes de la France du moyen âge.
Mais le plus grand effort naval de cette époque est celui que
firent, au commencement du règne de Charles VI, les con-
seillers du jeune prince. Il s'agissait d'opérer une descente
en Angleterre (que de fois ce projet sera repris, et toujours
vainement, depuis Charles VI jusqu'à Napoléon !). On s'assura
à prix d'argent tout ce qui put se trouver de nefs, de cara-
ques, de galères, de bateaux de toute espèce, depuis les côtes
de Castille jusqu'à celles de Prusse ; le pavillon royal flotta sur
treize cent quatre-vingts navires, rassemblés sur le rivage de
Flandre, entre Blankenberghe et l'Écluse. Des troupes nom-

breuses étaient déjà embarquées, la noblesse française exultait de son prochain triomphe, et la Grande-Bretagne tremblait, lorsque ces immenses préparatifs furent d'un seul coup anéantis. Une tempête détruisit la plus grande partie de la flotte et dispersa le reste.

Il suffit de constater ces chiffres de sept cents et de treize cents navires pour se faire une idée exacte de ce que pouvaient être ces bâtiments, dont la plupart n'étaient évidemment que de grandes barques pour le commerce côtier, décorées pour la circonstance du nom pompeux de navires de guerre. On y entassait des soldats de terre; la tactique navale était des plus simples : les bateaux cherchaient à s'aborder, un combat corps à corps décidait du sort des navires, qui souvent, troués par le choc et coulant à pic, entraînaient dans le gouffre vainqueurs et vaincus.

L'usage de plus en plus fréquent de la boussole et la création de l'artillerie de mer opérèrent en peu de temps une révolution complète dans les conditions générales de la navigation et dans la constitution des marines militaires. Depuis un demi-siècle déjà, les armées de terre avaient tiré leurs premiers coups de canon, lorsque les Vénitiens eurent l'idée de mettre des bouches à feu sur des navires pour combattre les Génois. Quelques années après, dans une rencontre entre vaisseaux anglais et français, à l'embouchure de la Seine, les Anglais envoyèrent à l'ennemi, en même temps qu'une grêle de flèches, des boulets en pierre. L'art des constructions navales dut aussitôt se plier à ces modifications profondes dans les conditions de combat. Il fallut donner plus d'épaisseur aux parois des navires pour offrir plus de résistance aux nouveaux projectiles. Il fallut aussi accroître les dimensions des bâtiments pour loger les nouveaux engins de guerre. Alors commencent à apparaître sur les mers d'énormes vaisseaux que l'on charge d'une artillerie de plus en plus puissante, comme la *Charente*, grosse nef construite sous Louis XII, et qui por-

tait douze cents soldats et deux cents pièces d'artillerie,
comme aussi la *Belle Cordelière*, grande caraque que la reine
de France, Anne de Bretagne, avait fait construire à ses frais
à Morlaix et qui périt en 1513, après avoir désemparé une
douzaine de vaisseaux anglais qui l'avaient entourée; comme
le *Caraquon*, splendide vaisseau amiral des flottes de François Ier, armé de cent pièces de grosse artillerie, et qui fut in-
cendié dans le port du Havre par suite d'une négligence des
cuisiniers du bord, pendant les préparatifs d'un festin pour le
roi et sa cour.

Mais les négociants ne pouvaient se servir de tels bâtiments
pour le commerce ; les rois qui voulurent disposer, à l'occasion, d'une marine de guerre, durent commencer à faire construire à leurs propres frais des vaisseaux, qui restèrent ensuite
la propriété de la couronne et qu'il fallait entretenir, réparer
et loger au retour de chaque campagne. Les baies peu profondes qui abritaient les grandes flottes du moyen âge, ne
pouvaient plus même recevoir un seul de ces navires du type
nouveau, si pesamment chargés, et dont la quille plongeait
profondément sous l'eau. De là le creusement des ports et ces
travaux considérables, entrepris depuis François Ier et sans
cesse continués sur toutes nos côtes pour assurer des refuges
à nos grands navires. On sait que le Havre est une création de
François Ier. Il fit élever sur ce point de la côte, qui n'était
alors qu'une bourgade de pêcheurs, d'importants établissements et défendit l'entrée du port par deux tours, dont l'une
existait encore au milieu de notre siècle. Il accorda à la ville
nouvelle des privilèges et des exemptions et y attira ainsi les
commerçants et les capitaux. Des bassins furent creusés, et
lorsque le port fut en pleine activité par le commerce et la
construction des vaisseaux de l'État, il en fit le rendez-vous
principal de ses flottes sur l'Océan.

Que devenaient pendant ce temps les galères? Elles ne per-
daient rien encore de leur importance comme force navale

dans la Méditerranée ; les guerres d'Italie, sous Louis XII et
François Ier, allaient au contraire donner à leur rôle un nouvel
éclat. Il est vrai que l'installation de la grosse artillerie à
bord des navires devait condamner fatalement les bâtiments à
rames à un état complet d'infériorité à l'égard des gros bateaux à voiles. Tandis en effet que ceux-ci garnissaient leurs
flancs d'un rang, puis de deux, et bientôt de trois rangs de
bouches à feu, les galères ne pouvaient porter du canon que
sur leur avant, les côtés étant occupés par les rameurs. Mais
les gros vaisseaux n'étaient guère employés jusqu'alors dans
la Méditerranée, où les galères régnaient en souveraines ; on
vit même au commencement du XVIe siècle cette marine du
moyen âge, rajeunie par des inventions récentes, fortifiée par
des perfectionnements de construction, et fort habilement
maniée par deux vaillants capitaines, venir braver jusque sur
l'Océan les flottes de guerre de l'Angleterre, déjà très redou-
tables.

Le premier de ces officiers fut Prégent de Bidoulx, capitaine des galères contre les Musulmans, sous le roi Louis XII.
La Méditerranée ne suffisait pas à Prégent et les Musulmans
ne lui paraissaient pas les seuls ennemis dignes de son courage.
Avec quatre galères bien solides, armées à leur avant de gros
canons, il passa le détroit de Gibraltar et s'en vint livrer, dans
l'anse du Conquet, près de Brest, contre une flotte anglaise,
un combat dont il sortit vainqueur et où l'amiral Howard fut
tué. Prégent appartenait à l'ordre des Hospitaliers de Rhodes
et allait être élevé à la dignité de grand prieur, lorsqu'il mourut en 1528 des suites d'une blessure qu'il avait reçue en en-
levant à l'abordage un vaisseau turc, à bord duquel cent cinquante chrétiens étaient détenus prisonniers[1].

1. Le récit suivant d'un combat de galères entre Hugues de Moncade, vice-roi
de Naples, au service de Charles-Quint, et Philippin Doria, neveu d'André
Doria, le célèbre marin génois, peut donner une idée de ce qu'était ce genre de
lutte maritime : « Un gros canon, de ceux qu'on appelait basilics, ayant été

Treize ans plus tard le capitaine Paulin, gratifié par François Ier du titre de baron de La Garde (du nom du village où il était né), fut nommé général des galères et amiral du Levant. Il fit faire de grands progrès à la construction des navires de ce type, au point de vue de la solidité et de la facilité des manœuvres. Grâce à lui, les galères du roi firent bonne figure à côté de la puissante flotte ottomane que Barberousse, afin de bien cimenter l'alliance conclue entre François Ier et le sultan, vint promener devant les côtes d'Italie et de Provence. La guerre ayant éclaté quelque temps après avec Henri VIII d'Angleterre, le baron de La Garde fit passer vingt-cinq de ses galères dans l'Océan, opération que les contemporains regardèrent comme une des merveilles de l'art naval. Cette division devait rejoindre une flotte considérable que Claude d'Annebaut, baron de Retz, amiral de France et du Ponant (Occident), rassemblait au Havre-de-Grâce, ayant reçu pour mission de débloquer le port de Boulogne assiégé par Henri VIII. Les vaisseaux de la Méditerranée, bien conduits par leur habile général, rendirent de bons services dans cette campagne. Leur peu de hauteur les préservait en partie contre le feu de l'ennemi, dont les boulets passaient au-dessus des équipages sans les atteindre. Arrivant rapidement sur les gros vaisseaux ronds d'Angleterre, ils tiraient sur eux à fleur

pointé sur la galère capitane espagnole que montait le vice-roi, tua d'un seul coup quarante hommes, entre lesquels le capitaine et plusieurs officiers. Philippin Doria perdit de son côté le capitaine de sa galère dans la décharge qu'il eut à essuyer de l'artillerie ennemie. Les deux principales galères s'approchèrent ensuite jusqu'à la portée de l'arquebuse, et, pendant qu'elles étaient aux prises ensemble, trois bateaux napolitains engagèrent vivement l'attaque contre deux autres de Doria. Des deux côtés on déployait une fureur égale. Le résultat était encore incertain, quand trois galères auxquelles Philippin Doria avait donné l'ordre de simuler la fuite, ayant gagné le vent, fondirent soudainement sur les bateaux du vice-roi, donnèrent de l'éperon dans les flancs de la capitane espagnole qu'il montait, la désemparèrent et décidèrent du sort du combat. Moncade périt sous une grêle d'arquebusades; sept cents Espagnols furent tués; deux galères furent coulées à fond, deux autres enveloppées et prises. » Guérin, *Histoire maritime de France.*

d'eau, de leurs cinq pièces placées à l'avant et dont une au moins sur chaque galère était de très gros calibre. Plusieurs vaisseaux anglais furent ainsi coulés bas et la flotte de Henri VIII ne put garantir les côtes de la Grande-Bretagne des injures de la marine française. Les galères restèrent quelques années sur les côtes normandes et prirent une part honorable à tous les engagements qui eurent pour résultat de rendre Boulogne à la France.

Mais les successeurs de François Ier ne furent pas comme lui soucieux de posséder une puissante marine militaire. D'ailleurs les guerres religieuses absorbèrent bientôt les forces vives du pays, et comme une marine négligée est en peu de temps une marine perdue, les fonctions de Gaspard de Coligny, amiral de France depuis 1552, ne tardèrent pas à devenir une sinécure. A la fin du xvie siècle, la royauté ne possédait plus de marine, et les ports, où depuis longtemps les travaux avaient cessé, n'offraient plus que l'aspect de la solitude et du délabrement. La moindre des nations, ayant quelques vaisseaux à son service, put insulter impunément le pavillon français sur les mers. Dans la Méditerranée, les attaques des pirates devinrent si fréquentes et si audacieuses, que les navires marchands n'osaient plus sortir des ports ou ne se mettaient en mer que bien armés, sachant qu'ils n'avaient plus à compter sur la protection de la marine du roi.

Cet état de choses dura jusqu'à la fin du règne de Henri IV, à qui le temps seul manqua pour relever l'honneur maritime de la France comme il venait de rétablir l'unité, la prospérité et le prestige du royaume. Au cardinal de Richelieu était réservé de fonder sur des bases solides et sur les principes qui ont conservé leur empire jusqu'à nos jours, la puissance navale de son pays.

CHAPITRE II

SOUS LOUIS XIII

Richelieu et les Rochelois. — Un *Règlement pour la mer*. — Brouage, Brest, Toulon. — Création des arsenaux. — Reprise des îles de Lérins. — Le *Grand-Saint-Louis*. — La *Couronne*. — L'œuvre maritime de Richelieu.

Les difficultés qui s'élevèrent sous Louis XIII entre les protestants de la Rochelle et la couronne mirent à nu la faiblesse maritime de l'État. En 1626, lorsque Richelieu voulut en finir avec ces ennemis de l'intérieur, il ne put trouver dans les ports de France, pour fermer la Rochelle aux secours des Anglais, un nombre suffisant de vaisseaux assez tôt prêts, et se vit obligé d'en faire venir vingt de Hollande avec leurs équipages.

Il conserva de cette humiliation une impression profonde et commença, aussitôt après la prise de la Rochelle, la mise à exécution sérieuse de ses plans de réorganisation maritime. Pour arriver plus sûrement à ses fins, il fit supprimer la charge d'amiral et se fit nommer par Louis XIII grand maître chef et surintendant général de la navigation et du commerce de France. Puis il décida que le trésor royal dépenserait désormais chaque année de grosses sommes pour la construction et l'entretien d'un matériel naval appartenant en propre à l'État. Il fit signer par le roi un *Règlement pour la mer*, avec cette déclaration : « Pour garantir ceux de nos sujets qui trafiquent au Levant des pertes qu'ils reçoivent des corsaires de Barbarie, et maintenir la réputation et la dignité de notre couronne parmi les étrangers, nous voulons qu'à l'avenir il y ait toujours en nos ports quarante galères bien et duement entretenues, prêtes à servir en hiver et été, pour nettoyer les côtes. »

Mais Richelieu, tout en estimant les galères, aimait fort aussi les vaisseaux ronds et fit résoudre qu'on en aurait également quarante sur les côtes de l'Océan, solides, de grande dimension, et construits avec les perfectionnements les plus récemment apportés à l'art naval. Pour abriter ces flottes nouvelles, il entreprit de grands travaux de creusement à Brouage (en face de l'île d'Oléron), dont l'importance ne survécut guère à son fondateur, puis à Brest et à Toulon. Ce dernier port, dont la fortune date du règne de Louis XIII, avait été déjà remarqué par Henri IV.

Mais la partie la plus originale peut-être de l'œuvre maritime de Richelieu est l'organisation des arsenaux. Jusqu'à cette époque, lorsque les vaisseaux appartenant au roi rentraient au port à la fin d'une campagne, chaque bâtiment restait confié aux soins de son capitaine. A lui la charge d'entretenir le navire en bon état, et de veiller à la conservation de tout ce qui lui était nécessaire en matériel et en personnel. Or beaucoup de capitaines s'acquittaient fort négligemment de cette mission ; à chaque campagne nouvelle, il fallait perdre un temps précieux en réparations précipitées et faire des dépenses exagérées pour renouvellement du matériel, de l'armement, du gréement, de la voilure, des munitions, des vivres.

C'est en vue de la correction de ces abus que fut publiée en 1631 une ordonnance relative à l'établissement de trois grands arsenaux pour la marine du Ponant, ordonnance où nous lisons ce qui suit :

« Le roi, ayant reconnu par expérience que les vaisseaux et équipages de mer qu'il a fait construire et dresser..... ne sont pas entretenus comme il l'avait ordonné, par la négligence d'aucuns capitaines qui ne demeurent pas dans les ports où sont lesdits vaisseaux, et par le peu de commodité qu'ils ont de pouvoir avancer ce qui est nécessaire pour l'entretien de leurs équipages et le radoub des vaisseaux qu'ils commandent, ce qui cause bien souvent le dépérissement d'iceux, Sa Majesté a résolu de décharger les capitaines particuliers du soin de la garde de leurs vaisseaux, et, pour cet effet, elle ordonne qu'ils seront tous réunis dans les ports de Brouage, Brest et le Havre-de-Grâce, entre les mains de trois commissaires généraux de la marine, qui demeurent actuellement auxdits ports et havres, lesquels auront soin de pourvoir à la conservation et au radoub desdits vaisseaux, à l'entretien des matelots pour la garde d'iceux, et de tenir leurs agrès et apparaux et tout ce qui sera nécessaire à naviguer, tellement prêt en des magasins que, lorsque l'on en aura besoin, lesdits vaisseaux puissent être mis promptement à la mer. »

Les arsenaux créés, Richelieu veilla à les faire remplir d'approvisionnements considérables et nomma des inspecteurs chargés de maintenir un ordre rigoureux dans les mouvements d'entrée et de sortie des magasins royaux et d'assurer la conservation des richesses qui s'y trouvèrent accumulées. Les mêmes prescriptions furent appliquées à l'établissement d'arsenaux sur la Méditerranée. La belle rade de Toulon servit plusieurs fois sous Louis XIII de point de réunion, de refuge, d'armement et de désarmement aux flottes composées de galères et de vaisseaux ronds, que commandèrent de 1636 à 1648, le comte d'Harcourt, le marquis de Pont-Courlai et l'archevêque de Bordeaux, Henri d'Escoubleau de Sourdis.

Moins de dix ans après le siège de la Rochelle, la France possédait déjà sur l'Océan cinquante-six bâtiments de guerre, répartis entre les trois divisions (appelées désormais *escadres*) de Bretagne, de Guyenne et de Normandie, et, dans la Méditerranée, vingt-cinq galères et gros vaisseaux formant l'armée du Levant. Tous ces navires se trouvèrent réunis en 1636 sur les côtes de Provence et enlevèrent l'année suivante, après un brillant combat, les îles de Lerins, dont les Espagnols s'étaient emparés quand notre marine n'était pas encore prête. Le vaisseau amiral, le *Grand-Saint-Louis* jaugeait mille tonnes et portait quarante-six canons et trois cents hommes d'équipage. Les autres navires étaient de cinq cents tonnes ou au-dessous. Mais des vaisseaux bien plus gros étaient à ce moment sur les chantiers. Comme la flotte royale un an plus tard (1638) atteignait Fontarabie, après avoir fait le tour de l'Espagne, sans que d'aucun havre ou cap on lui eût osé tirer un seul coup de canon, les équipages français virent avec admiration s'avancer le plus grand vaisseau de guerre qu'ils eussent jamais contemplé. On l'appelait la *Couronne*, et il naviguait pour la première fois. Il avait été construit à la Roche-Bernard, en Bretagne, par un habile charpentier de Dieppe, Charles Morieu.

On trouve une description enthousiaste de ce bâtiment dans l'ouvrage du Père Fournier, savant jésuite et au-mônier de la flotte, qui a dédié à Louis XIII un livre fort inté-ressant sur la marine française pendant la première moitié du XVIIe siècle. La *Couronne* avait 66 mètres de long et 15 de large, le grand mât 28 mètres de haut. « La prodigieuse masse de ce vaisseau avait mis en l'esprit de la plupart qu'il serait pesant à merveille et difficile à gouverner; ils ne se pouvaient persuader qu'il fût si bon voilier et qu'il pût de-vancer un chétif brûlot, avec lequel il vint, comme ils voyaient que souvent la *Couronne* le laissait derrière soi. » De tous les pays voisins on vint visiter cette merveille d'architecture navale qui, disait-on, dépassait en largeur les salles et galeries du Louvre. La *Couronne* portait soixante-douze bouches à feu.

Des navires bien moins gros avaient été auparavant armés de plus de cent canons, mais on avait reconnu de graves in-convénients, au point de vue de la précision et de la rapidité du tir, à trop rapprocher les unes des autres les pièces d'artillerie ; le constructeur du nouveau bâtiment avait établi entre chaque embrasure une distance de près de quatre mètres. Plus de cinq cents matelots d'élite composaient l'équipage de ce vaisseau, premier type des grands bâtiments à voiles des xviie et xviiie siècles, appelés, depuis le règne de Louis XIV, vaisseaux de ligne.

La capacité de la *Couronne* était de deux mille tonnes ; la flotte royale comptait en outre deux vaisseaux de mille tonnes, une vingtaine de sept cents à quatre cents tonnes, les autres variant de quatre cents à deux cents tonnes, outre un grand nombre de petits navires appelés brûlots et flûtes.

Le bailli de Forbin résume ainsi le tableau des progrès qu'il avait vus s'accomplir dans la marine française sous le règne de Louis XIII : « L'on a vu fortifier les côtes, augmenter le nombre des galères, construire les plus beaux vaisseaux et les plus puissants équipages que la France ait jamais eus ; et au lieu qu'une poignée de rebelles contraignît naguères de composer nos armées navales de forces étrangères, et d'implorer le secours d'Espagne, d'Angleterre, de Malte et de Hollande, nous sommes à présent en état de leur rendre la pareille, s'ils persévèrent dans notre alliance, ou de les vaincre, lorsqu'ils en seront détachés. »

« A la mort de Louis XIII, dit M. Chevalier dans son *Histoire de la marine française pendant la guerre de l'indépendance américaine*, la situation maritime de la France témoignait avec éclat des efforts du cardinal et du succès de son entreprise. Le pavillon français se montrait avec honneur sur toutes les mers. Nous avions des ports, des arsenaux, des fonderies, un personnel spécialement destiné à la marine de guerre et des vaisseaux en état de naviguer et de combattre. La marine du commerce, qui avait été l'objet de l'attention particulière du cardinal, avait pris un rapide essor. La France possédait des établissements aux Antilles, dans les Florides, au Canada, sur les côtes d'Afrique et à Madagascar. La colonisation avait reçu, sur tous ces points, une très vive impulsion. Lorsque mourut le grand ministre, son œuvre n'était pas achevée, mais dans l'organisation qu'il laissa derrière lui, il est facile de reconnaître les principes qui plus tard servirent de base aux institutions de Colbert. »

CHAPITRE III

SOUS LOUIS XIV

Duquesne et Tourville. — Colbert et le commerce français. — Protection assurée aux armateurs pour leurs convois. — Créations de Colbert. — Progrès rapides de la marine. — Le vaisseau de ligne. — La frégate. — Le personnel. — Recrutement des officiers. — Les cadres. — Nouvelle tactique. — La guerre d'escadre. — Stromboli, Agosta, Palerme. — Beachy-Head, la campagne du large, la Hougue. — Jean Bart et Duguay-Trouin. — La marine de course. — Son éclat et sa décadence.

Après Richelieu, nouvelle défaillance maritime. Le cardinal Mazarin laisse systématiquement les arsenaux se vider, les approvisionnements s'épuiser et le matériel se détériorer ; il n'ordonne aucune construction nouvelle, néglige même les réparations nécessaires, ne renouvelle point le personnel, n'encourage nullement les officiers de mer à persévérer dans leur profession, et n'entretient dans la Méditerranée que le nombre de bâtiments suffisant pour guerroyer contre les pirates barbaresques. Sur l'Océan, il croit pouvoir disposer à son gré des vaisseaux de la Hollande. Mais à la fin de la Fronde, lorsqu'il veut achever la pacification de la Guyenne et qu'un armement naval lui paraît pour cela nécessaire, il ne réunit qu'avec beaucoup de peine huit navires, trois galères, huit bâtiments d'un genre nouveau appelés *frégates*, quelques chaloupes et brigantins. Tout était à recommencer pour Colbert, qui allait reprendre, consolider et merveilleusement développer l'œuvre de Richelieu.

Toutefois cette période de transition léguait au grand règne deux grands marins : Duquesne et Tourville.

Le Dieppois Abraham Duquesne avait déjà cinquante ans lorsque Louis XIV devenu homme prenait en main le gouvernement de son royaume et commençait à travailler avec son ministre favori. En 1636 il était capitaine de vaisseau et avait pris part en cette qualité à l'attaque des îles de Lérins par la flotte que Richelieu venait de créer. Depuis lors il avait assisté à maints combats, soit au service de son roi, soit pour l'honneur d'un pavillon étranger pendant le temps que la France n'eut plus de marine. En 1650, il trouva l'occasion de se rendre de nouveau utile en armant à ses frais une petite division pour l'attaque de Bordeaux par mer. Chemin faisant, il rencontra une flotte anglaise dont le commandant lui fit dire d'amener son pavillon. « Le pavillon français ne sera jamais déshonoré tant que je l'aurai à ma garde, répondit Duquesne; le canon en décidera, et la fierté anglaise pourra bien céder aujourd'hui à la valeur française. » Les Anglais furent battus et mis en fuite, et Duquesne fut fait chef d'escadre.

Tourville, d'une famille noble de Normandie, avait dix-huit ans en 1660. Depuis quatre ans il était entré dans l'ordre de Malte, dont firent partie tant d'illustres marins, et prit part à plusieurs campagnes contre les Barbaresques. La prise d'un bâtiment tripolitain lui valut le titre de lieutenant, celle d'un navire tunisien le fit capitaine de vaisseau en 1667.

C'était le moment où sous l'énergique autant qu'intelligente impulsion de Colbert les travaux de construction navale reprenaient dans les ports un essor extraordinaire[1]. Colbert, dont la politique avait pour objet de donner un développe-

---

1. L'administration de la marine était encore rattachée au département du secrétaire d'État des affaires étrangères, dont M. de Lionne était titulaire. Mais Colbert dirigeait de fait, depuis 1661, tous les services de cette administration. En 1669, il la détacha des affaires étrangères et l'unit à sa charge de secrétaire

ment considérable au commerce et à la marine marchande de
la France et qui avait dans ce but fondé deux importantes
Compagnies[1], dota celles-ci de toutes les faveurs imaginables
et leur promit en outre l'appui constant des forces navales du
royaume. Les commerçants d'un État avaient pour pratique de
former dans certains ports, pour l'envoi de marchandises aux
colonies ou dans les pays étrangers, d'immenses convois com-
posés parfois de plusieurs centaines de navires marchands, et
ces convois, à leur retour aux ports nationaux, rapportaient
les marchandises qu'ils avaient trouvées dans les pays loin-
tains où les avait envoyés l'esprit de négoce. Lorsqu'une guerre
éclatait entre deux ou plusieurs puissances étrangères, la
poursuite et la capture de ces convois devenaient l'objectif
principal de presque toutes les opérations navales et surtout
des armements particuliers que les souverains autorisaient
par l'octroi de *lettres de marque*, lettres en vertu desquelles
un armateur avait le droit de transformer ses bâtiments en
navires de guerre, de les pourvoir d'un équipage à sa solde,

---

d'État de la maison du roi. Il en fit ensuite pour son fils Seignelay un département distinct ; il y eut désormais en France un véritable ministère de la
marine.

1. La Compagnie des Indes occidentales et celle des Indes orientales.

Celle-ci eut dans son domaine le commerce avec les contrées de l'est de l'Afrique
et de l'Asie. On racheta l'île de Madagascar aux héritiers du maréchal de la
Meilleraie, pour en faire le berceau de la nouvelle association.

La première Compagnie eut en partage le privilège exclusif du commerce sur
la côte occidentale d'Afrique, ainsi que les établissements français d'Amérique,
notamment les Antilles, Saint-Christophe, la Martinique, la Guadeloupe et
leurs dépendances, que Colbert racheta à leurs divers propriétaires pour les donner à la Compagnie.

C'est sous Louis XIII que le capitaine d'Énambuc avait pris possession de la
Martinique au nom de la Compagnie des îles de l'Amérique qui, en 1626, s'était
fait concéder la propriété et le commerce pendant vingt années de toutes les
îles du Nouveau-Monde qu'elle mettrait en valeur. Peu à peu les îles occupées
avaient été vendues par la Compagnie à ceux qui les dirigeaient en qualité de
gouverneurs particuliers. L'île de la Tortue et la partie nord de Saint-Domingue
restèrent aux mains d'aventuriers, moitié colons, moitié pirates, qui se rendirent
célèbres sous les noms de *boucaniers, flibustiers, Frères de la Côte,* et firent
sous Louis XIV une guerre acharnée aux galions espagnols.

et de les lancer contre les navires, armés ou non, de la nation
ennemie, de façon à faire le plus de mal possible au commerce
de celle-ci, étant entendu que tout le butin fait sur mer par
ces navires particuliers appartiendrait aux armateurs dont ils
étaient la propriété. C'était ce que l'on appelle *faire la course,
armer des navires en course;* on donnait le nom de *corsaires*
aux bâtiments qui avaient cette destination, ainsi qu'aux équipages qui les montaient. Nous verrons plus loin quelle importance prit vers la fin du règne de Louis XIV la guerre de
course, et quelle pléiade illustre de marins elle fournit à la
France.

Afin d'encourager les Compagnies à développer leurs relations commerciales et leurs expéditions lointaines, Colbert
s'engagea formellement à faire escorter leurs convois aussi
bien que ceux du commerce français en général, à l'aller et
au retour, par des escadres aussi nombreuses et aussi fortes
que les circonstances le réclameraient. Un tel engagement
exigeait la création d'une puissante marine de guerre. Colbert
avait accepté toutes les conséquences de ses promesses. Il fit
venir des constructeurs de la Hollande, acheta du bois et du
fer dans les contrées du Nord, agrandit les arsenaux de Brest
et de Toulon, et publia, sur la constitution générale du personnel et du matériel naval, des ordonnances admirables, qui,
complétées ou modifiées dans quelques parties par ses successeurs, subsistent encore après plus de deux cents ans dans
leurs parties essentielles et peuvent être considérées comme
les bases de l'administration de la marine moderne.

En 1666, on avait déjà trente vaisseaux de soixante-dix à
cent vingt canons, et un grand nombre de bâtiments de rang
inférieur. En 1672, Colbert pouvait présenter au roi un
état imposant des forces maritimes de la France : soixante
vaisseaux et quarante frégates. Dix années plus tard la puissance navale du royaume était à son apogée. Le roi pouvait
mettre en ligne deux cents grands vaisseaux et disposer, par

le système de l'inscription maritime, de plus de cinquante mille hommes de mer.

On appelait dès cette époque (et cette dénomination s'est maintenue jusqu'à nos jours) *vaisseau de ligne*, tout grand bâtiment de guerre que ses dimensions et la force de son artillerie permettaient de *mettre en ligne pour le combat* et de présenter au feu de l'ennemi. Parmi les vaisseaux de ligne, on distinguait ceux de premier rang, portant de soixante-dix à cent vingt canons, avec trois ponts, et par conséquent trois rangs de canons, les pièces des batteries basses étant les plus fortes. Les proportions de ces colosses de la mer dépassaient déjà de beaucoup celles du vaisseau la *Couronne*, qui avait excité une si vive admiration sous Louis XIII, trente ans auparavant. Ces bâtiments avaient encore la poupe surmontée, suivant l'usage ancien, d'un château à deux étages; mais une ordonnance avait interdit la construction de châteaux sur l'avant (deux grands vaisseaux firent seuls exception, le *Royal Louis* et le *Soleil Royal*), l'artillerie nouvelle et une voilure plus puissante ne chargeant déjà que trop ces navires. On mettait encore en ligne des vaisseaux de quarante à soixante-dix canons, mais ceux qui portaient un nombre de pièces inférieur à quarante environ étaient appelés *frégates*. Placées hors de la ligne de bataille, les frégates servaient d'éclaireurs aux armées navales, portaient les ordres du commandant en chef aux diverses divisions de la flotte, puis, pendant ou après le combat, étaient employées à remorquer hors du champ de bataille les vaisseaux désemparés par le feu de l'ennemi. Les galères dans la Méditerranée n'étaient plus guère propres qu'au même genre de service ; désormais incapables de lutter contre les masses puissantes des vaisseaux de ligne, elles pouvaient, dans une journée de bataille, jouer un rôle fort utile dans l'office d'infirmières décrit ci-dessus. On conserva donc pendant longtemps encore une flotte de galères ; mais Marseille, qui l'abritait, perdit de plus en plus toute importance comme port de guerre, tandis que Toulon devint le dépôt et le rendez-vous des escadres de gros vaisseaux que le roi résolut d'entretenir dans la Méditerranée.

Colbert avait eu une certaine peine à recruter un personnel suffisant pour cette marine si puissante, née en quelques années de son génie persévérant. Par l'inscription des classes,

LE « SOLEIL ROYAL ».

il eut des matelots; pour avoir un bon service d'artillerie, il créa des compagnies d'apprentis canonniers et des compagnies de bombardiers; la constitution des compagnies de marine, affectées à terre à la garde des arsenaux, lui assura sur mer un bon service de mousqueterie. Les officiers de mer manquaient; il nomma aux divers grades de la marine un grand nombre d'officiers de terre, attirés à cette nouvelle carrière par la faveur que lui marquait la cour de Louis XIV. Il aurait bien voulu juxtaposer un corps d'officiers matelots (roturiers) au corps royal de la marine, à peu près exclusivement recruté dans la noblesse. Les préjugés du temps s'y opposèrent. Afin du moins que les futurs officiers de mer fussent complètement instruits des choses de leur profession, il créa dans les trois ports de Brest, Rochefort et Toulon des compagnies de gardes de la marine, où les jeunes gentilshommes venaient apprendre leur métier avant de recevoir des grades.

Les vaisseaux de ligne et les frégates étaient commandés par des capitaines. Une division, comprenant quelques vaisseaux et un petit nombre de frégates, s'appelait une escadre et l'officier qui la commandait était chef d'escadre. Nous avons vu ce titre donné en 1650 à Duquesne. Le grade immédiatement supérieur était celui de lieutenant-général. Duquesne y fut promu en 1667. Au-dessus des lieutenants-généraux étaient les vice-amiraux au nombre de deux[1], exerçant de fait le commandement en chef. Il y avait bien en effet un amiral de France, la charge ayant été rétablie par Colbert; mais on en avait fait une grande sinécure honorifique et lucrative, sans puissance réelle, afin d'en pourvoir quelque prince de la famille royale. La charge fut donnée à un enfant, Louis de Bourbon, comte de Vermandois, fils légitimé du roi. Après lui, elle passa au comte de Toulouse, autre fils légitimé de Louis XIV et, après le comte de Toulouse, à son fils le duc de Penthièvre, qui la conserva jusqu'à la Révolution.

Lorsque le roi voulait accorder de nouveaux honneurs à un vice-amiral, il le nommait maréchal de France. Tourville reçut ce titre après la glorieuse défaite de la Hougue. Ainsi furent constitués sous Louis XIV les cadres de la marine militaire et cette organisation n'avait subi aucun changement sensible,

---

1. La vice-amirauté du *Ponant* ou de l'Océan fut créée en 1669 pour le comte Jean d'Estrées. — La vice-amirauté du *Levant* ou de la Méditerranée ne fut créée qu'en 1689 pour Tourville. — Le général des galères avait aussi avant Louis XIII le titre d'amiral du Levant.

lorsque éclata, sous Louis XVI, la dernière grande lutte maritime de l'ancienne monarchie française.

Les marines de la Hollande et de l'Angleterre étaient depuis longtemps déjà arrivées au degré de puissance que la marine française venait d'atteindre en quelques années. Une nouvelle tactique dans les combats de mer, née des conditions mêmes dans lesquelles se produisait désormais le choc entre ces grandes réunions de vaisseaux formidablement armés, fut appliquée dans toutes les batailles navales de la fin du XVIIe siècle, pendant la période de ce qui se peut s'appeler la grande guerre d'escadre.

Ce qu'était ce système nouveau, un brillant officier de marine, mort héroïquement en 1883 sous les murs de Hanoï au Tonkin, Henri Rivière, nous l'explique dans l'extrait suivant d'une étude sur *Les Derniers Marins de Louis XIV :* « Jusqu'alors on s'était à peu près battu de la même façon sur mer que sur terre. L'élément seul était changé, le champ de bataille était l'Océan; les flottes, disposées en croissant, s'avançaient à force de rames ou vent arrière l'une contre l'autre; les archers lançaient leurs flèches, et lorsque l'abordage avait eu lieu, les hommes d'armes se chargeaient sur le pont ou s'assiégeaient dans ces lourds châteaux élevés aux deux extrémités du navire. Avec des hommes tels que Ruyter, Van Tromp, Blake, Albemarle, Tourville, cette tactique toute féodale devait changer. A ces sortes de combats singuliers entre navires succédèrent des combats d'escadre à escadre. A la place d'une valeur absolue, le vaisseau n'eut plus qu'une valeur relative. L'on se mit en ligne de manière à prêter à l'ennemi le flanc, c'est-à-dire le côté le plus fort et garni de canons; chaque adversaire s'efforça de gagner le vent afin d'éviter à son gré ou d'engager le combat [1]. Une vive canonnade le commençait; on y employait le boulet rond et le bou-

---

1. De là des manœuvres compliquées, des mouvements préparatoires, se prolongeant quelquefois plusieurs jours avant l'échange des premiers coups de canon.

jet ramé, on y ajoutait des flèches à artifices qu'on lançait
dans les agrès et les voiles de l'ennemi. Si l'on était plus
près, on employait les grenades et les pots à feu pour nettoyer
les ponts, et cela jusqu'au moment où l'une des deux lignes
venait à plier; alors sur cette ligne à demi rompue on dirigeait des brûlots[1] qui s'attachaient aux flancs du navire et le
dévoraient, de sorte que chaque combat naval finissait par
un incendie. »

C'est d'après ce système que furent engagés, en 1676, entre
la flotte française et les forces navales combinées de la Hollande
et de l'Espagne dans la Méditerranée, les trois combats célèbres
de Stromboli, d'Agosta et de Palerme, qui furent trois victoires
pour la France, et dont la dernière fut un désastre complet
pour l'ennemi. Les Hollandais étaient commandés par l'illustre Ruyter, qui fut blessé mortellement, dans la seconde
bataille, à bord de son vaisseau la *Concorde*. A la tête de la
flotte française se trouvaient le duc de Vivonne et Duquesne.
Celui-ci, que tout le monde tenait pour le plus habile homme
de mer de France, n'était pas encore vice-amiral à soixante-
quatre ans, parce qu'il était calviniste. Après la paix de Nimègue, le roi fit d'Abraham Duquesne le marquis Du Quesne.
Celui-ci avait mis hors de conteste la supériorité navale de la
France sur ses ennemis, et s'éteignit en 1688, laissant en
Tourville un digne successeur pour les luttes nouvelles que
l'insatiable ambition de Louis XIV allait provoquer.

Après Colbert, Seignelay, comme après Duquesne, Tourville.
La puissance navale du royaume s'accroît encore grâce à
l'activité intelligente et infatigable du ministre (qui meurt
trop tôt pour la France, en 1691), et l'amiral est à la hauteur
de la tâche qui lui incombe. Il remporte en 1690 l'éclatante

---

et exigeant chez le commandant de la flotte et aussi chez ses lieutenants une
science consommée de l'art naval.

1. Les bateaux torpilleurs ont succédé de nos jours aux brûlots, comme les
vaisseaux cuirassés à vapeur aux vaisseaux de ligne à voile.

victoire de Beachy-Head, et mène, en 1691, avec soixante-douze vaisseaux contre quatre-vingt-six dont se compose la flotte ennemie, la fameuse *Campagne du large*, considérée par tous les hommes du métier comme un chef-d'œuvre de tactique, et qui laisse la France maîtresse de la mer en dépit des forces énormes des Anglo-Hollandais.

En 1692, un ordre malheureux du roi, contremandé trop tard, lance Tourville avec quarante-quatre vaisseaux contre les quatre-vingt-dix-neuf de la flotte alliée, augmentés de trente-sept frégates ou brûlots et portant près de sept mille bouches à feu. Tourville soutint le choc de ce formidable armement avec une audace si savante et une habileté si résolue que, le soir encore, la bataille restait indécise. La fortune ne trahit le vaillant officier qu'à l'heure de la retraite, et Tourville dut assister, impuissant, sur la plage de la Hougue, à l'incendie de douze de ses navires.

Louis XIV ne lui garda pas rancune d'une défaite dont l'effet moral fut plus grand que ne le justifiait l'étendue des pertes matérielles. La marine était si peu abattue du coup qui venait de la frapper, que le roi put mettre l'année suivante sous les ordres de Tourville, créé maréchal de France, quatre-vingt-dix-huit vaisseaux de ligne portant plus de cinq mille canons. Avec ces forces considérables, notre flotte, de nouveau maîtresse de la mer, détruisit ou dispersa sur la côte du Portugal un convoi de plus de quatre cents navires marchands d'Angleterre et de Hollande, désastre qui infligea des pertes énormes au commerce de l'ennemi.

A côté de Duquesne et de Tourville s'étaient illustrés depuis vingt ans le comte Jean d'Estrées, Château-Regnaud, les d'Amfreville, Gabaret, de Nesmond, de Pointis, Coëtlogon, de Relingue, Petit-Renau, et tant d'autres, lieutenants-généraux, chefs d'escadre ou capitaines, auxquels allaient succéder les héros de la guerre de course, Jean Bart, Forbin, Cassard, Ducasse, Duguay-Trouin.

Dunkerque a eu Jean Bart et Saint-Malo Duguay-Trouin.
Les deux plus célèbres nids de corsaires du royaume de
France ont vu naître les deux plus fameux corsaires du règne
de Louis XIV. Jean Bart avait déjà douze ans quand le port de
Dunkerque, en 1662, fut réuni à la France, et que Colbert y
fit entreprendre de grands travaux pour le creusement d'un
bassin pouvant contenir à flot trente vaisseaux de guerre.
Dans l'année 1676, Jean Bart, monté sur sa frégate *Alcyon*, ra-
menait dix-sept prises portant ensemble soixante-dix-sept canons. Les pertes qu'il fit subir au commerce des Provinces-Unies
ne contribuèrent pas peu au succès des conférences ouvertes
pour la paix à Nimègue. Des succès si brillants le firent entrer
bientôt dans la marine royale ; de nouveaux exploits lui valurent
successivement la croix de Saint-Louis, des lettres de noblesse,
et le grade de chef d'escadre ; cette dernière récompense lui
advint en 1696, au même temps où Duguay-Trouin, qui faisait
la course depuis l'âge de seize ans, était nommé capitaine de
frégate à vingt-deux ans.

Le xviie siècle allait finir et déjà la marine de Louis XIV
était sur son déclin. Nous n'avons pas entrepris de signaler
tant de glorieux combats livrés sur mer de 1670 à 1700,
ayant surtout pour objet de montrer quel admirable instrument Colbert avait créé pour les luttes maritimes contre des
puissances comme l'Espagne, la Hollande et l'Angleterre.
Maintenant la décadence est commencée et va se poursuivre
pendant la plus grande partie du xviiie siècle jusqu'à l'entière
destruction de la marine, consacrée par le honteux traité de
Paris de 1763.

Les embarras financiers où tomba le royaume à la suite des
guerres de la coalition d'Augsbourg et de la succession d'Espagne, et l'incapacité des indignes titulaires du département
où Colbert et Seignelay avaient rendu de si éclatants services,
firent décider que désormais le roi renoncerait à armer des
flottes comme celles qui avaient vaincu à Palerme et à Beachy-

Head; ces armements coûtaient de trop grosses sommes et faisaient courir de trop grands risques. Après un dernier et honorable effort dans la Méditerranée, en 1704, qui aboutit à la bataille indécise de Velez-Malaga contre l'amiral anglais Rook (celui-ci venait de s'emparer de Gibraltar), le ministre consomme définitivement le sacrifice. La guerre d'escadre avait fait son temps et le règne de Louis XIV allait devoir aux seules entreprises des corsaires ses derniers triomphes maritimes. En 1706, une déclaration du ministre fit savoir que le roi mettait à la disposition des armateurs ses vaisseaux, frégates et bâtiments légers, ainsi que ses arsenaux avec tous les agrès et munitions. Le roi supporterait seul les pertes de capture ou de naufrage et aurait droit au cinquième de toutes les prises. Louis XIV se faisait associé de corsaires !

Il faut reconnaître qu'une marine de course incomparable sortit de cette ordonnance, une marine d'aventure élevée sur les débris des anciennes forces navales de l'État, mais commandée par une légion de marins intrépides que le souvenir de Jean Bart et l'exemple de Duguay-Trouin excitaient sans cesse à des actes héroïques. Tandis que les flottes alliées bloquaient nos rades de guerre où ne se formait plus une seule escadre, on vit sortir des moindres ports marchands et des baies les plus inconnues, des nuées de bâtiments légers qui couraient sus aux navires de commerce étrangers. Le seul port de Dunkerque, en ces quinze années, mit à la mer plus de sept cents bâtiments armés en course. Cependant cet élan même se ralentit bientôt; quelques échecs survinrent après les beaux faits d'armes [1]. Au retour d'une expédition brillante à Rio-de-

1. « La marine, que Louis XIV avait créée, disparut avec lui. On peut dire qu'elle avait suivi toutes les phases de son long règne. Elle avait grandi jusqu'à la paix de Nimègue, œuvre d'intelligence politique, d'économie et de constants efforts. Mais une marine est le luxe d'une nation et coûte cher. Quand les finances furent obérées, quand le poids de la guerre à soutenir contre l'Europe fut devenu énorme, elle partagea, malgré ses victoires, l'affaiblissement commun, et sa grandeur, comme celle du trône, s'obscurcit à la paix de Ryswick. Alors

Janeiro, Duguay-Trouin prit sa retraite, et avec lui s'effaça tout le prestige, tout l'éclat de la guerre de course, comme avec Tourville s'étaient éteintes pour près d'un siècle les sévères traditions de la guerre d'escadre.

elle tomba entre les mains d'un ministre qui la négligea, puis d'un ministre incapable et jaloux qui la perdit par ignorance et par calcul. La marine de course sortit tout armée de ses débris, et ce fut à la fois un évènement heureux et malheureux. La nouvelle marine ruina le commerce des ennemis, fournit de l'argent à son pays ; mais elle fut cause que nos grands vaisseaux pourrirent dans les ports, sans emploi et sans armement, que notre matériel naval fut vendu à l'encan, que la construction s'arrêta sur les chantiers, la fabrication dans les arsenaux... Elle eut de beaux combats isolés, mais ne parut point devant les flottes ennemies, dont la présence suffisait à lui fermer les chemins. Elle s'en alla enfin d'épuisement, faute d'argent, faute de matériaux, après avoir usé les quelques grands hommes qui voulurent bien l'illustrer. En disparaissant, elle s'anéantit tout entière et ne laissa subsister que le souvenir de cette autre marine qui avait été si instruite, si vaillante et si glorieuse. » H. Rivière, *Les Derniers Marins de Louis XIV.*

CHAPITRE IV

La marine sacrifiée à l'alliance anglaise. — Développement colonial. — Quelques efforts. — Dévouement de l'Estanduère. — Bonne volonté des ministres Maurepas, Rouillé, Machault. — La Galissonnière et Byng. — La Clue et Conflans-Brienne. — Un étonnant ministre de la marine, Berryer. — Ports vides, arsenaux vides, colonies perdues.

Les marins des guerres du grand règne furent en général bien en cour au début du règne de Louis XV; Duguay-Trouin était l'objet de soins fort attentifs; on le consultait sur des projets de relèvement de la marine, on donnait de l'avancement à ses compagnons d'armes, on rappelait de Suisse, où il s'était exilé comme protestant, le fils du grand Duquesne. En fait la marine était bien condamnée, car elle fut le prix dont le régent et Dubois, puis le duc de Bourbon et enfin l'évêque de Fréjus payèrent successivement l'alliance de l'Angleterre.

Cependant nos établissements d'outre-mer se développaient; les folies du système de Law provoquaient un commencement de colonisation de la Louisiane et la fondation de la Nouvelle-Orléans; la Compagnie des Indes dotait nos côtes occidentales d'une nouvelle cité maritime, Lorient; de hardis Français nous ouvraient l'entrée de l'Hindoustan; dans l'océan Indien, l'île Bourbon et l'île de France prospéraient sous les lois françaises ; au nord de l'Amérique, on pouvait espérer tirer un bon parti de notre immense domaine du Canada.

Tant de possessions lointaines eussent eu besoin de la protection d'une forte marine. Mais le cardinal Fleury n'était nullement en disposition de rendre à l'activité les marins depuis si longtemps condamnés au repos. Duguay-Trouin, nommé lieutenant-général des armées navales qui n'existaient plus, écrivait ses mémoires. Victor-Marie d'Estrées était devenu bibliomane. Cassard, que Duguay-Trouin estimait au point de déclarer qu'il donnerait toutes les actions de sa vie pour une de ce héros, était jeté en prison pour une réclamation un peu trop vive au sujet de deux ou trois millions avancés jadis à l'État. Forbin, très riche, s'occupait d'intelligentes libéralités et écrivait aussi des mémoires. Avant la fin de la première moitié du siècle, tous étaient morts.

Leurs successeurs n'étaient pas de moins bons officiers peut-être, mais l'occasion ne leur était pas offerte de sortir de leur obscurité et de montrer leur génie.

Cependant la guerre de la succession d'Autriche ramena quelque activité dans les ports ; on construisit des vaisseaux, on forma des escadres, et notre armée de mer eut en général une contenance honorable contre les Anglais, ces éternels ennemis de notre marine. Puis cet effort s'épuisa de lui-même, et les escadres se désagrégèrent, les vaisseaux désarmés pourrirent le long des quais ; les deux vice-amiraux étant morts, on jugea inutile de les remplacer et le nombre des lieutenants-généraux fut réduit à trois.

Un chef d'escadre, Desherbiers de l'Estanduère, livra vers ce temps un beau combat avec huit vaisseaux contre vingt-trois que commandait l'amiral anglais Hawke. Son dévouement sauva un convoi de deux cent cinquante voiles marchandes.

Maurepas, ministre de la marine jusqu'en 1749, avait cependant rendu quelques services à l'art naval par la création

d'une école publique de construction maritime, et par de
nombreux encouragements aux travaux théoriques de la profession. Nos officiers de mer, moins hardis que leurs aînés du
XVIIe siècle, étaient plus savants ; dès cette époque commencèrent d'importants voyages de découvertes dans les régions
encore inexplorées des Océans.

C'est sous Maurepas que la marine des galères, qui avait eu
de si beaux états de service au moyen âge, passa définitivement
de vie à trépas. Les galères qui restaient encore furent dé-
sarmées, et les chiourmes débarquées puis gardées à terre
dans des bagnes. Quelques modèles de ce type démodé de navires furent conservés à Marseille et à Toulon à titre de curio-
sité maritime.

Rouillé, après Maurepas, montra, bien qu'homme de robe,
un véritable zèle pour la marine ; il fonda une Académie
royale à Brest, ordonna des voyages scientifiques, et parla de
faire construire quatre-vingts vaisseaux. Ce nombre ne fut
pas atteint ; du moins il tint une partie de ses promesses et,
quand il quitta le département, laissa en Machault un conti-
nuateur intelligent de son œuvre.

La guerre de Sept Ans commençait ; les travaux furent
poussés activement dans les ports et des nominations d'officiers généraux comblèrent les vides laissés dans les cadres.
Une de ces nominations, on le verra tout à l'heure, fut par-
ticulièrement malheureuse, celle qui fit un vice-amiral du
comte de Conflans-Brienne ; une autre, au contraire, très
heureuse, fut celle qui donna le grade de lieutenant-général
et la conduite de toutes les opérations navales au marquis de
La Galissonnière, ex-gouverneur du Canada, administrateur
intelligent et habile tacticien. La Galissonnière sut repousser,
devant l'île de Minorque, l'amiral anglais Byng, ce qui valut
aux Français la prise de Mahon et de tout le reste de l'île. On
sait qu'un tribunal anglais condamna l'infortuné Byng à mort
pour n'avoir pas vaincu la flotte ennemie.

Là s'arrêtent nos succès. Machault quitte le département de la marine, où l'on voit se succéder plusieurs ministres, jusqu'à Berryer, ex-lieutenant de police, personnage aussi fatal à la marine de Louis XV que Jérôme Pontchartrain l'avait été à celle de Louis XIV. Nous subissons sur mer échecs sur échecs. La Clue voit toute son escadre dispersée ou brûlée non loin de Gibraltar, sur la côte de Lagos [1]. Du moins s'était-il bravement défendu ; tandis que Conflans-Brienne (on venait de le nommer maréchal de France), avec une vingtaine de vaisseaux, ne sut que fuir devant l'amiral Hawke, s'engageant dans des récifs, abordant et désemparant ses propres navires avec son vaisseau amiral et jetant dans toute la flotte la plus étrange confusion. Finalement Conflans alla se réfugier dans une anse près du Croisic. Le vaisseau amiral dut être brûlé ; plusieurs navires tombèrent aux mains de l'ennemi et le reste de la flotte fut dispersé. L'indignation publique flétrit cette fuite sans combat et maudit le nom de cet amiral sous le commandement duquel une atteinte venait d'être pour la première fois portée à l'honneur de la France.

Le ministre Berryer profita de cette défaite de Conflans pour professer hautement cette théorie, que la France, ne pouvant décidément pas disputer à l'Angleterre l'empire de la mer, devait se borner à être une puissance continentale. Mettant ses actes d'accord avec ses paroles, il vendit à des particuliers les vaisseaux de l'État ; il vendit tous les agrès et tous les apparaux des magasins. De Brest à Toulon le gouvernement ne posséda plus un navire ; ses arsenaux furent com-

---

1. Pierre-André de Suffren, plus tard le célèbre bailli de Suffren, que nous retrouverons à la fin de cet ouvrage, né en Provence (1726), avait pris part au combat livré par l'Estanduère aux Anglais et y avait été fait prisonnier ; à la paix il était entré dans l'ordre de Malte. Il servit comme lieutenant dans la campagne de Minorque sous les ordres de La Galissonnière, puis combattit à Lagos sous La Clue et fut fait encore une fois prisonnier.

plètement vides, et le silence le plus profond régna dans ses
ports.

Pendant ce temps, aucun secours n'étant envoyé aux colonies, nos possessions de l'Inde nous échappaient ; nous perdions les Antilles ; tout le Canada, cette France nouvelle de
l'Amérique, tombait au pouvoir des Anglais.

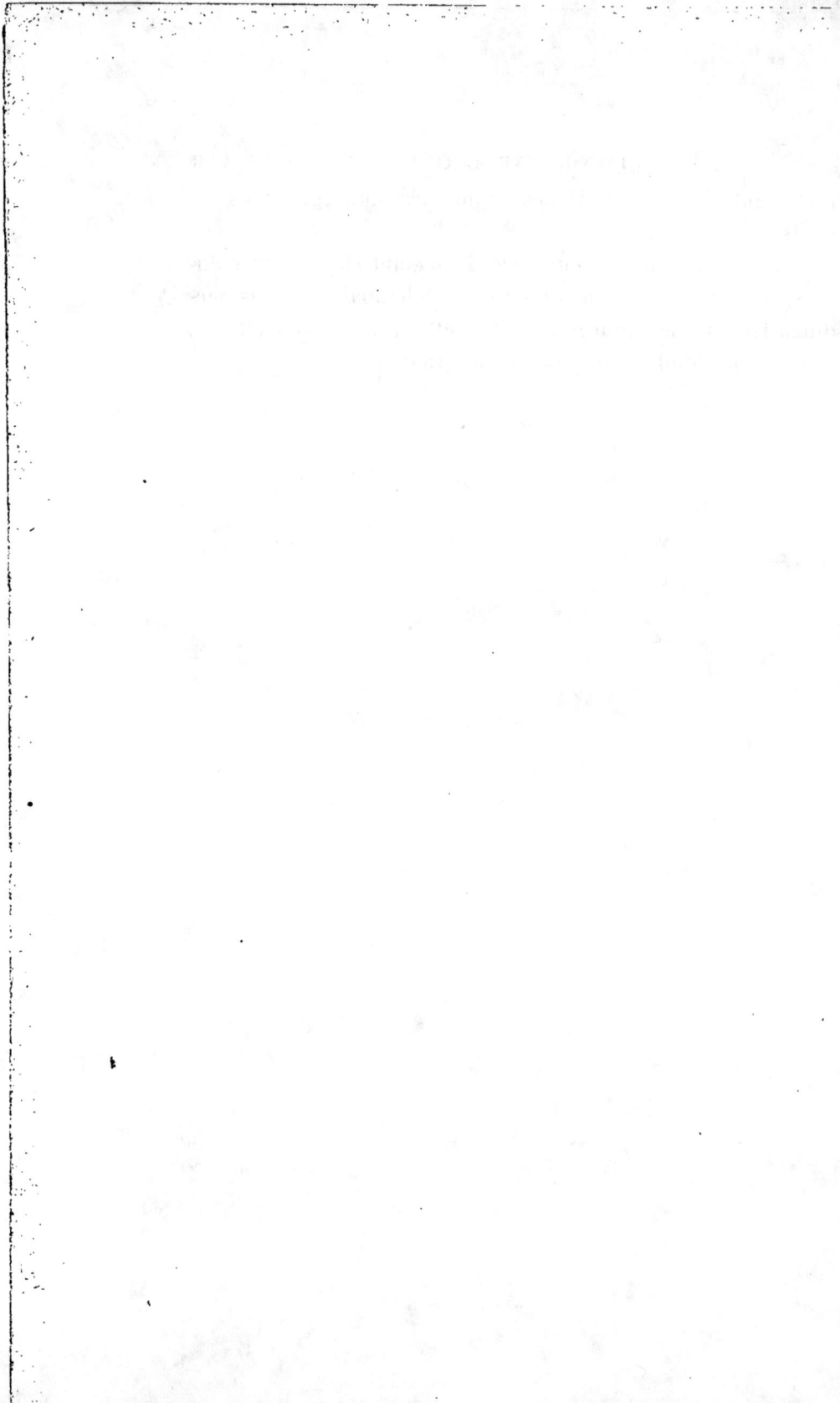

DEUXIÈME PARTIE

1778-1780

OUESSANT — LA GRENADE

———

CHAPITRE V

LA MARINE SE RELÈVE

Les quinze vaisseaux donnés au roi de France vers la fin de la guerre de Sept Ans par des provinces, des villes, des corporations, etc. — Comment Choiseul a relevé notre marine. — M. de Sartines prépare nos flottes en vue d'une nouvelle guerre contre l'Angleterre.

Un sentiment de généreuse indignation s'empara de la population française à la pensée des sacrifices douloureux que les Anglais vainqueurs allaient nous imposer à la paix. Le peuple se disait que si on avait eu de bons navires en nombre suffisant, on n'aurait pas laissé Montcalm succomber avec une poignée d'hommes dans les plaines glacées du Canada. On n'avait plus de navires; ne pouvait-on donc pas en reconstruire? Et l'on vit alors ce spectacle curieux : les États du Languedoc offrant au roi les fonds nécessaires pour la construction d'un vaisseau de quatre-vingts canons, le *Lan-*

guedoc; d'autres provinces, des villes, des corporations suivant ce patriotique exemple : les États de Bourgogne, offrant la *Bourgogne,* de soixante-quatorze canons ; les états de Flandre, le *Flamand;* les États d'Artois, l'*Artésienne;* le parlement et la province de Guienne, le *Bordelais.* Les receveurs-généraux offrirent le *Zélé,* la chambre de commerce de Marseille, le *Marseillais,* ces deux derniers vaisseaux, de soixante-quatorze canons, comme aussi le *Diligent* offert par les régisseurs de la poste, et les *Six-Corps* par les six corps des marchands de Paris. La capitale de la France donna le vaisseau *Ville-de-Paris* de quatre-vingt-dix canons, et l'ordre du Saint-Esprit, le *Saint-Esprit,* de quatre-vingts canons ; deux autres bâtiments, le *Citoyen* et l'*Union,* furent le produit des souscriptions offertes par les banquiers de la cour, par les trésoriers de l'extraordinaire des guerres et de l'artillerie, par le munitionnaire des vivres de l'armée, etc. ; en tout quinze grands vaisseaux armés de plus de mille bouches à feu.

C'était là un beau et patriotique mouvement, mais qui éclatait trop tard ; les ressources générales du royaume étaient épuisées : il fallait se résoudre à négocier ; le traité de Paris fut signé en 1763.

Ce qui venait de se passer prouvait pourtant que la nation n'était nullement indifférente au sort de la marine, et les officiers de mer ne s'abandonnèrent pas au désespoir. D'ailleurs ils avaient confiance dans le duc de Choiseul, ministre habile et patriote, qui depuis 1761 dirigeait les deux départements de la guerre et de la marine. Avant même que la paix fût rétablie, il s'était mis à l'œuvre pour rendre une marine à la France. Pendant quelques années, il obtint tous les crédits nécessaires pour donner une activité inaccoutumée aux constructions dans les ports et pour remplir les arsenaux que la dernière guerre avait vidés. Malheureusement le règne de Louis XV devait trop se prolonger ; il lui restait à descendre encore de quelques degrés plus bas dans l'estime

publique pendant la période à la fois sinistre et grotesque de
1770 à 1774. Le duc de Choiseul, si fin courtisan qu'il fût,
était évidemment trop préoccupé des intérêts et de l'honneur
du pays pour faire partie du personnel qui allait diriger pendant quatre ans les affaires de la France. Il quitta donc le

LE DUC DE CHOISEUL.

ministère en 1770; mais déjà le royaume possédait de nouveau soixante-quinze vaisseaux de ligne et cinquante frégates
ou corvettes.

Sous Louis XVI l'œuvre de restauration qu'avait commencée
Choiseul fut reprise et continuée par M. de Sartines, qui s'était
fait une grande réputation comme lieutenant-général de la
police. Appelé au département de la marine, et n'entendant à

peu près rien tout d'abord aux choses de son administration, il sut donner sa confiance à des hommes capables et s'entourer d'aides intelligents. On verra plus tard qu'il ne sut pas toujours se mettre à l'abri du reproche d'imprévoyance et d'incurie. Pour l'instant il rendit ce grand service de rétablir la discipline et en même temps le sentiment de la dignité professionnelle dans les rangs des officiers de mer, en faisant cesser les scandaleux abus qui avaient marqué la fin du règne de Louis XV, alors que l'intrigue, les complaisances serviles et l'appui des courtisans étaient devenus les seules règles de l'avancement.

Dès 1776, il devint à peu près certain pour M. de Sartines que les États-Unis réussiraient à nous engager dans leur querelle contre l'Angleterre, et à partir de cet instant on vit régner dans tous nos ports la plus grande activité. Les ordres les plus pressants furent donnés pour l'achèvement des bâtiments en cours de construction et pour la mise en état de prendre la mer, au premier signal, de tous ceux dont on pouvait déjà disposer. Il fut fait en outre une grande promotion dans le corps des officiers de marine; on donna au comte d'Orvilliers, au duc de Chartres et au comte Duchaffault le grade de lieutenant-général, et peu après le comte d'Estaing fut fait vice-amiral.

CHAPITRE VI

L'ALLIANCE ENTRE L'AMÉRIQUE ET LA FRANCE

La révolte des colonies anglaises dans l'Amérique du Nord. — Des sympathies que trouve en France la cause des *insurgents*, et de la haine que l'on conservait contre les Anglais. — Alliance avec l'Amérique. — Guerre avec l'Angleterre.

La révolte des colonies anglaises de l'Amérique du Nord contre leur métropole fut l'occasion de la guerre maritime que les Français allaient engager contre les Anglais en 1778, et qui devait prendre fin en 1783. Cette révolte éclata en 1775, à l'occasion de libertés que les ministres de George III, roi de la Grande-Bretagne, appuyés par le parlement, voulurent enlever aux colons, et de taxes qu'ils prétendirent leur imposer sans le vote préalable de leurs assemblées.

Aussitôt que les treize colonies de l'Amérique du Nord, établies entre la côte de l'océan Atlantique et les montagnes qui forment la limite orientale du bassin du Mississipi, eurent résolu de s'armer pour défendre leurs droits et conquérir l'indépendance, leurs délégués, réunis en Congrès, reconnurent, en organisant la lutte, la nécessité de chercher un appui et des secours au dehors. Il importait en outre de plaider auprès des nations étrangères la justice de la cause pour laquelle une population de trois millions d'hommes prenait les armes. Ils envoyèrent donc en Europe des commissaires pour représenter officiellement, auprès des divers

gouvernements de l'ancien monde, les intérêts de la nouvelle
nation, créée par la déclaration solennelle d'indépendance
des États-Unis, le 4 juillet 1776. L'un des commissaires envoyés à Paris, le célèbre Benjamin Franklin, acquit chez nous
très vite, à la cour et à la ville, auprès des grands comme
auprès des écrivains, des philosophes et des savants, une
popularité extraordinaire.

Nous n'avions cependant pas beaucoup de motifs jusque-là
pour aimer les Américains ; nous les avions rencontrés comme
rivaux durant tout un siècle, sur l'immense territoire de
l'Amérique du Nord. Pendant un moment, bien court, bien
fugitif, il est vrai, nous avions établi notre domination sur toute
l'étendue du continent, depuis l'embouchure du Mississipi
jusqu'à celle du Saint-Laurent. Mais les Français du Canada
étaient trop peu nombreux, nous ne dirons pas même pour
peupler, mais seulement pour défendre cette vaste région ; et
depuis le milieu du xviiie siècle les Américains nous faisaient
une guerre acharnée. Les gens de la Virginie, commandés par
un officier de vingt-cinq ans, Washington, nous avaient chassés
de la vallée de l'Ohio ; les gens du Massachusetts avaient pris
l'Acadie et aidé les Anglais à nous enlever Louisbourg ; les
gens de l'État de New-York avaient conquis sur nous les
citadelles qui commandaient la navigation du lac Champlain.
Épuisés par cette longue lutte contre les Américains, les
débris des bataillons envoyés par la France, unis aux milices
canadiennes, n'avaient pu résister devant Québec, malgré
toute l'énergie et la vaillance de Montcalm, aux solides
troupes anglaises commandées par Wolfe. Le Canada fut
perdu, et la paix de Paris, en 1763, enterra tous les rêves du
grand empire franco-américain.

Nous en voulions moins cependant aux colons qu'aux Anglais, et l'accueil qui fut fait aux commissaires des États-Unis
par la nation française prouva bien que nous oublierions sans
peine nos anciens griefs contre de braves gens qui voulaient

devenir libres et indépendants, et secouer le joug odieux de
la Grande-Bretagne. L'entraînement fut rapide et irrésistible ;
l'esprit public se passionna pour la cause américaine ; l'enthousiasme gagna la noblesse ; on vit le jeune marquis de
La Fayette quitter brusquement son pays, sa famille, et s'em-

E. RONJAT.

BENJAMIN FRANKLIN.

barquer pour aller offrir ses services au Congrès des États
Unis.

Lorsque l'on reçut à Paris, en décembre 1777, la nouvelle
que les anciennes milices coloniales, devenues régiments
de l'armée continentale américaine, venaient de réussir à faire
capituler toute une armée anglaise sous le commandement
du général Burgoyne, près de la petite ville de Saratoga,
sur le fleuve Hudson, l'opinion à Paris se prononça avec une
telle violence en faveur d'une alliance positive avec les États-

Unis contre l'Angleterre, que la cour ne résista plus. Les dernières hésitations de Louis XVI cédèrent devant l'assurance donnée par ses ministres que depuis longtemps, en prévision de cet évènement, les préparatifs militaires étaient poussés avec activité, et que la marine, car c'était d'une guerre navale qu'il s'agissait, était prête à faire son devoir et résolue à rendre au pavillon national son ancien prestige sur toutes les mers. Le traité d'alliance entre la France et les États-Unis fut conclu à Paris le 6 février 1778. Le gouvernement anglais, dès qu'il fut avisé de ce fait, rappela son ambassadeur. La guerre était imminente.

CHAPITRE VII

LA « BELLE-POULE » ET L' « ARÉTHUSE »

Comment le commandant de la frégate la *Belle-Poule* refuse de rendre visite
à un amiral anglais, et le beau combat qu'il livre à l'*Aréthuse* le 17 juin 1778.

Ce fut l'Angleterre qui tira le premier coup de canon.

Depuis trois ou quatre mois, lorsque des navires de guerre
anglais et français venaient à se rencontrer, les équipages
prenaient aussitôt les postes de combat; les cannoniers chargeaient et pointaient leurs pièces : mais les boulets ne par-
taient pas, la guerre n'étant pas encore déclarée. Cela dura
ainsi jusque vers le milieu de juin.

Le 15 de ce mois, deux frégates, la *Belle-Poule* et la *Licorne*,
une corvette, l'*Hirondelle*, un lougre, le *Coureur*, sortaient de
Brest sous le commandement de M. de la Clocheterie, lieutenant de vaisseau, envoyé en croisière à l'entrée de la Manche.
Cette petite division se trouvait le 17 dans les eaux de l'île
d'Ouessant, quand, vers dix heures du matin, elle aperçut
plusieurs voiles anglaises. C'était l'escadre de l'amiral Keppel.
La *Belle-Poule* crut prudent de s'éloigner, mais elle fut pour-
suivie et atteinte par une des frégates anglaises, l'*Aréthuse*.
Diverses manœuvres ayant placé les deux bâtiments par le travers l'un de l'autre, le capitaine Marshall de l'*Aréthuse*, héla
le commandant du bâtiment poursuivi et invita en termes

fort courtois cet officier à rendre visite au chef de l'armée britannique. M. de la Clocheterie répondit par un refus nettement formulé; sur quoi l'*Aréthuse*, mettant la conversation sur un autre ton, envoya toute sa bordée à la *Belle-Poule*. Le vent tombait, les deux navires, très rapprochés, pouvaient à peine gouverner. Le combat, engagé à six heures du soir, dura jusqu'à minuit. Le pont de la *Belle-Poule* était jonché de morts et de blessés; la Clocheterie fut lui-même atteint à la cuisse et à la tête. Mais l'*Aréthuse* avait sa mâture et ses voiles dans un tel état, et le feu de son adversaire l'avait si fort maltraitée, que, pour ne pas être capturée, elle dut profiter de la brise de la nuit et rejoindre en toute hâte l'escadre restée à quelque distance en arrière.

Poursuivre son ennemie vaincue, la *Belle-Poule* n'y pouvait songer; c'était tomber volontairement au milieu de l'escadre britannique. Le vaisseau de la Clocheterie avait d'ailleurs perdu son compagnon, le lougre le *Coureur*, qui, au moment où le combat allait s'engager, ne voulant pas abandonner sa frégate, avait bravement attaqué un cotre anglais, l'*Alert*, naviguant avec l'*Aréthuse*. Les deux petits navires se comportèrent avec autant de vaillance que les deux grands; seulement les forces n'étaient pas égales. L'*Alert* étant admirablement bastingué, tout l'équipage se trouvait abrité; il y avait là quatre-vingts hommes avec douze canons et douze pierriers. Le *Coureur* n'avait que cinquante matelots, dix canons et six pierriers, et les hommes, faute de bastingage, combattaient à découvert. Tout d'abord, le commandant du *Coureur* fut invité, comme l'avait été M. de la Clocheterie, à aller rendre visite à l'amiral Keppel. Le commandant, M. de Rosily, ne se pressait pas de répondre; enfin, voyant que le capitaine de l'*Alert* s'épuisait en efforts pour lui répéter l'invitation en mauvais français, il saisit le porte-voix et cria en anglais : « Ne vous donnez donc pas tant de peine; je suis décidé à n'y point aller; je ferai ce que fera ma frégate. » Comme au même

COMBAT DE LA « BELLE-POULE » ET DE L' « ARÉTHUSE ».

moment les frégates commençaient à se canonner, le lougre envoya au cotre sa bordée, bien qu'il ne fût vraiment pas de taille à lutter contre son solide adversaire, et qu'il eût pu s'échapper en faisant de la voile, ayant une marche excellente. Mais M. de Rosily craignait que le cotre ne se portât alors au secours de l'*Aréthuse* contre la *Belle-Poule*. Il tint bon pendant plus d'une heure bord à bord, et n'amena son pavillon que lorsqu'il vit la frégate ennemie suffisamment maltraitée.

Qu'étaient devenus pendant ce temps les deux autres bâtiments de la division? L'un fut capturé par l'ennemi, l'autre put s'échapper et atteignit sans encombre la côte de Bretagne.

La *Belle-Poule* reprit donc seule la route de Brest, où les démonstrations de joie les plus enthousiastes des équipages de tous les navires en rade lui firent un accueil triomphal. L'équipage de la *Belle-Poule* s'était vaillamment battu, et de nombreuses récompenses furent accordées à ces braves gens. Quant à M. de la Clocheterie, un récit contemporain dit qu'étant arrivé peu de temps après à Paris, et se trouvant chez le comte de Maurepas un jour où le roi vint voir son ministre, il fut interpellé tout à coup par Sa Majesté : « J'ai des reproches à vous faire, monsieur de la Clocheterie, je ne vous croyais pas si inconstant. — Comment, sire, ai-je pu mériter?... — Oui, oui, je sais que vous êtes infidèle à la *Belle-Poule*. — Moi, sire... — Ne cherchez pas à vous défendre; il est sûr que vous la quittez pour un vaisseau de soixante-quatre canons. » A ces mots, M. de la Clocheterie se jeta aux pieds du roi, qui, le relevant avec bonté, lui dit qu'il était heureux de le nommer capitaine, et le félicita pour sa brillante conduite.

Le combat de la *Belle-Poule* et de l'*Aréthuse* fit beaucoup de bruit à cette époque, parce qu'il inaugurait une grande guerre maritime, et que l'heureux résultat de cette première

rencontre parut de bon augure pour la campagne qui allai
s'ouvrir. Tous les officiers de la flotte déjà réunie dans la rad
de Brest sous le commandement du comte d'Orvilliers, encou
ragés par cet exemple, brûlaient de se mesurer avec l'ennemi

Nous devons dire ici que, tandis que le comte d'Orvillier
achevait ses préparatifs à Brest, attendant les derniers ordre
de la cour pour mettre à la voile, une autre escadre, réunie e
armée à Toulon, avait quitté ce port dès le 13 avril, se diri
geant vers l'Amérique, et était déjà depuis deux mois en mer
Le gouvernement anglais n'avait été informé de ce dépar
qu'à la fin de mai; il avait aussitôt donné à l'amiral Byro
l'ordre de presser l'armement des navires qu'il devait conduir
sur les côtes américaines pour renforcer la division naval
qui s'y trouvait déjà. C'est pourquoi, le 13 juin, Keppel étai
venu prendre à Plymouth une escadre de douze vaisseau
commandée par Byron et l'avait escortée jusqu'à vingt lieue
d'Ouessant. C'est en rentrant dans la Manche qu'il avait fai
la rencontre des bâtiments de la Clocheterie et qu'il en étai
advenu ce que nous avons raconté tout à l'heure.

Peu de jours après le combat livré par la *Belle-Poule* à
l'*Aréthuse*, le commandant de l'escadre de Brest reçut de
Versailles l'ordre d'appareiller. Tout était prêt, les officier
bien résolus, les équipages pleins d'ardeur; on pouvai
affronter les Anglais.

CHAPITRE VIII

LA BATAILLE D'OUESSANT

Le comte d'Orvilliers attaque l'amiral Keppel près de l'île d'Ouessant, le 27 juillet 1778. — Pourquoi la victoire reste indécise. — L'amiral plus indulgent que le ministre pour les fautes commises en cette journée par plusieurs officiers.

Lorsque la flotte fut en mer, un grand conseil de guerre se réunit à bord du vaisseau amiral, *la Bretagne,* magnifique bâtiment de cent dix canons, et décida « qu'on entrerait dans la Manche et qu'on irait attaquer la flotte anglaise jusque dans ses rades, si elle s'obstinait à n'en point sortir ». On n'eut pas à recourir à cette extrémité. La flotte de Keppel, sortie de Portsmouth vingt-quatre heures après que la nôtre avait quitté Brest, se portait à notre rencontre. Nous tenions la mer depuis quinze jours, lorsque, à quelque distance de l'île d'Ouessant, par un temps brumeux et une mer forte, les vigies des frégates annoncèrent des voiles ennemies. Le signal du branle-bas de combat fut aussitôt donné, et chacune des trois escadres dut prendre l'ordre de bataille : l'escadre blanche, sous les ordres directs de l'amiral; la bleue, commandée par le duc de Chartres et Lamotte-Picquet; la blanche et bleue, sous les ordres du comte Duchaffault[1]. Le

1. « Une armée navale était toujours composée de trois corps, auxquels on donnait le nom d'escadres, et qui formaient, en ordre de bataille, l'avant-garde,

nombre des voiles s'accroissait à l'horizon : plus de doute, on avait devant soi la grande armée navale de l'Angleterre.

Keppel pouvait mettre en ligne trente vaisseaux, nous en avions trente-deux; mais sa flotte portait deux mille deux cent quatre-vingt-deux canons et la nôtre seulement deux mille cent dix-huit.

Le vent soufflait avec violence, les deux flottes manœuvrèrent pendant les trois journées du 24 au 26. Le 27 enfin, les bâtiments français et anglais se trouvèrent assez rapprochés pour échanger leurs premières bordées. L'amiral Keppel chercha à couper l'escadre bleue qui formait l'arrière-garde de la flotte française; une formidable canonnade retentit bientôt de ce côté, où il avait porté tout son effort. Le comte d'Orvilliers, en renversant l'ordre de bataille par une manœuvre aussi habilement conçue que rapidement exécutée, déjoua le projet de son adversaire, et le força à défiler devant toute la ligne de ses bâtiments, sans se laisser entamer sur aucun point. Ce fut le moment le plus furieux de cette bataille engagée entre soixante vaisseaux. Le chef de l'escadre blanche et bleue, Duchaffault, atteint à l'épaule d'un coup de mitraille, voit au même instant son fils tomber près de lui. Deux capitaines sont tués, deux autres blessés; cinq lieutenants et six enseignes sont grièvement frappés. De Guichen, sur la *Ville-de-Paris*, tient tête au *Foudroyant*, de quatre-vingts canons, et au *Victory*, que montait Keppel, et contraint ces deux vaisseaux à s'éloigner. Les cent dix canons de la *Bretagne* renvoient à distance respectueuse tous les adversaires

le centre et l'arrière-garde. Chaque escadre avait son pavillon de couleur différente : l'avant-garde un pavillon bleu et blanc, le centre un pavillon blanc, l'arrière-garde un pavillon bleu. Le rang naturel des escadres était que l'escadre *blanche*, commandée immédiatement par le général de l'armée, portant le nom d'*amiral*, fût au milieu, que l'escadre *blanche et bleue* fût à droite (le commandant s'appelant *vice-amiral*), et l'escadre *bleue* à gauche (le commandant s'appelant *contre-amiral*). Des raisons et des conjectures particulières faisaient quelquefois changer l'ordre, surtout dans les marches. » Le Père Daniel, *Histoire de la marine française*.

que le hasard de la lutte vient tour à tour exposer à ses terribles bordées.

Pendant trois heures, le feu se maintient très vif; cependant la position des bâtiments français les empêche de se
servir de leurs batteries basses, le flot s'y jetant aussitôt

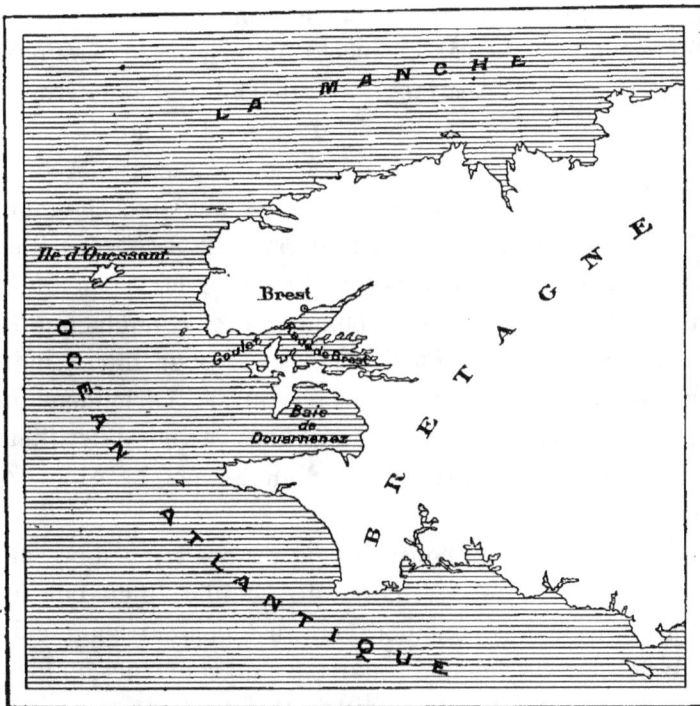

CARTE POUR LE COMBAT D'OUESSANT.

qu'on les ouvre. Pour enlever ce dernier avantage à l'ennemi
déjà fort éprouvé, le comte d'Orvilliers ordonne à l'escadre
bleue une manœuvre dont l'objet était de déplacer la ligne
de bataille, et qui, promptement exécutée, aurait permis de
couper l'arrière-garde anglaise. Malheureusement les signaux
ne furent qu'imparfaitement aperçus et transmis. Il y eut con-

fusion et retard. Le chef de l'escadre bleue, duc de Chartres, monté sur le *Saint-Esprit*, dut se rapprocher de la *Bretagne* pour demander à l'amiral ce qu'il voulait. On a longtemps discuté sur les fautes commises en cet instant et sur les responsabilités encourues. Il est probable que personne n'eut d'autre idée que de faire son devoir, et que ceux qui se trompèrent en ce moment décisif n'avaient cependant rien de plus à cœur que d'assurer le succès de la journée. Toujours est-il que la lenteur avec laquelle la dernière manœuvre fut exécutée permit à l'amiral Keppel de se mettre en défense, et fit, d'une victoire certaine, une bataille indécise. A deux heures le feu se ralentit, les bâtiments anglais s'éloignant peu à peu. En vain jusqu'au soir d'Orvilliers s'efforça-t-il de présenter de nouveau le combat; Keppel opéra pendant la nuit une prudente retraite, cachant ses feux, tandis que la flotte française faisait étinceler les siens pour mieux indiquer à l'ennemi où il pourrait la trouver. Le lendemain, 28 juillet, les vaisseaux anglais étant hors de vue, d'Orvilliers ramena ses escadres à Brest, tandis que Keppel, de son côté, se retirait à Plymouth.

La victoire était sans conteste aux Français, puisque l'ennemi avait abandonné le champ de bataille. Bien que les pertes ne fussent pas considérables, si l'on tient compte du nombre des navires engagés (quatre à cinq cents tués ou blessés dans chaque armée), la bataille d'Ouessant eut en Europe un grand retentissement. Une flotte française avait tenu tête à une flotte anglaise! Un amiral du pays de France s'était montré aussi habile tacticien qu'un amiral de la Grande-Bretagne! On ne pouvait trop admirer de tels évènements, quinze ans à peine après un si complet écroulement de notre puissance navale! L'opinion publique, à Paris, accueillit avec enthousiasme la nouvelle d'une bataille dont l'issue avait été si honorable pour les armes françaises. La poésie se mêla de l'affaire, et Gilbert chanta en beaux vers la régénération de la marine française et la liberté rendue aux mers du globe!

Peu de temps après, cependant, lorsque les détails du combat furent connus, il se fit un revirement dans les impressions; à la joie peut-être excessive des premières heures succéda un mécontentement peu justifié. D'Orvilliers, bien qu'il eût plus de motifs que personne de regretter que des signaux mal compris ou une manœuvre mal exécutée lui eussent, selon toute vraisemblance, ravi la gloire d'un grand succès, fut obligé de modérer les dispositions rigoureuses que manifestait le ministère de la marine à l'égard des prétendus coupables[1]. Comme M. de Sartines avait décidé de traduire devant un conseil de guerre les capitaines des vaisseaux de l'escadre bleue, dont l'immobilité avait compromis le succès de la jour-

1. M. Chevalier, capitaine de vaisseau, dans son remarquable ouvrage intitulé : *Histoire de la marine française pendant la guerre de l'indépendance américaine*, a réfuté des erreurs longtemps accréditées sur les personnes et les choses par les historiens qui se sont occupés du rôle considérable de notre marine pendant la guerre à laquelle donna lieu de 1778 à 1783, entre l'Angleterre et la France, l'appui prêté par celle-ci aux États-Unis. M. Chevalier a établi, pièces en mains, la réalité des faits sur lesquels s'étaient établies des controverses et qui avaient été jusqu'alors inexactement relatés. A citer notamment, dans cette étude si remplie de détails précis, de documents intéressants, de considérations judicieuses, de discussions serrées sur les causes de nos insuccès et sur les mérites ou les fautes des acteurs de ce grand drame, les récits du combat d'Ouessant, de la campagne du comte d'Estaing sur les côtes de l'Amérique septentrionale et dans les Antilles, du combat de la Dominique, et de la campagne du bailli de Suffren dans l'Inde.

M. Chevalier termine la narration de la bataille d'Ouessant par ces mots : « A l'exception des premiers vaisseaux de l'escadre bleue, qui, suivant l'expression du comte d'Orvilliers, avaient manqué d'attention aux signaux, la conduite de l'armée avait été irréprochable ; tous, capitaines, officiers, matelots et soldats, s'étaient fait remarquer par leur zèle et leur bonne volonté. Après ce récit, appuyé sur des documents certains, authentiques, on cherche inutilement ce qui a pu servir de base à ces accusations de désobéissance et d'indiscipline, dirigées à cette époque contre d'honorables officiers, et qu'on répète encore volontiers aujourd'hui. »

Parmi les capitaines de vaisseau qui prirent part, sous le commandement du comte d'Orvilliers, au combat d'Ouessant, se trouvaient des officiers qui allaient bientôt s'illustrer dans le cours de la guerre, dont cette bataille était le premier acte, Lamotte-Piquet, de Vaudreuil, Destouches, de Guichen, de Grasse.

née, le commandant en chef de la flotte lui écrivit une lettre aussi noble que sensée :

« ..... Si vous sévissez avec cette sévérité dans les commencements de la guerre, vous allez ôter toute l'énergie des âmes. La plupart de nos officiers ne se peuvent dissimuler à eux-mêmes qu'ils manquent d'expérience dans l'ensemble des armées et des escadres ; que, conséquemment, ils sont dans le cas de faire des fautes involontaires, et si l'espérance de l'indulgence leur est interdite, la crainte de voir leur honneur compromis les retiendra dans une timidité qui, bien loin de les préparer à mieux faire, absorbera les talents et empêchera les progrès que l'on doit attendre de l'expérience..... Les fautes sont purement d'ignorance, et il n'y aura jamais d'affaire générale entre deux armées considérables, qu'il ne s'en rencontre de semblables. Je maintiens donc qu'il ne faut pas rechercher les choses avec une grande sévérité, surtout lorsque le succès est favorable. »

Le ministre se rendit à ces excellentes raisons, et le projet de poursuites contre un certain nombre d'officiers de la flotte fut abandonné. Il est bon d'ailleurs de constater qu'en Angleterre l'opinion publique ne s'y trompa pas et accepta de suite comme un échec le résultat du combat d'Ouessant. On avait cru à une prompte et éclatante victoire de Keppel, tandis que sa retraite, après la lutte indécise de la matinée du 27, prouvait trop clairement que, s'il n'avait pas osé recommencer l'engagement, c'était parce qu'il craignait de courir à un désastre.

CHAPITRE IX

LE COMTE D'ESTAING EN AMÉRIQUE

Le comte d'Estaing. — De Toulon à la Delaware, 1778. — Une belle occasion perdue. — La pointe de Sandy Hook. — Un banc de sable malencontreux.

M. de Sartines, aussitôt après la signature, en février 1778, du traité d'alliance avec les États-Unis, s'était préoccupé des moyens de prêter aux opérations militaires des Américains contre les Anglais l'appui d'une flotte française. En même temps qu'il faisait armer à Brest une forte escadre destinée à retenir en Europe la majeure partie des forces navales de l'Angleterre, escadre qui, en combattant à Ouessant comme nous venons de le voir, remplit très honorablement et très utilement sa mission, le ministre de la marine avait organisé à Toulon une division de douze vaisseaux, que le comte d'Estaing était chargé de conduire sur les côtes d'Amérique.

D'Estaing, dans sa jeunesse, avait servi avec distinction comme officier de terre. Il s'improvisa un jour marin par haine contre les Anglais, aux mains desquels le hasard d'un combat, dans les dernières années de la guerre de Sept Ans, l'avait fait tomber prisonnier. Comme il venait d'être échangé et se trouvait à Port-Louis, capitale de l'île de France (aujourd'hui île Maurice), il ne put supporter le spectacle de l'abandon dans lequel étaient laissées nos possessions en

Orient et résolut de soutenir dans ces parages, seul s'il le fallait, l'honneur du pavillon national.

Monté sur un bâtiment de la Compagnie française des Indes orientales armé en guerre, et escorté d'une petite frégate, il partit en campagne contre les Anglais, leur enleva un bâtiment sous les murs de Mascate, prit le fort de Gombron au fond du golfe Persique et en fit la garnison prisonnière, courut à Sumatra, emporta d'assaut le fort Marlborough défendu par cinq cents hommes, batailla pendant quatre mois sur tous les points de l'océan Indien, et fit subir des pertes considérables au commerce anglais. A son retour en France, après la paix de 1763, il fut très en faveur à la cour et arriva promptement aux plus hauts grades de la marine, non sans exciter un peu de jalousie dans le corps des officiers de mer, disposés tout d'abord à le considérer comme un intrus au milieu d'eux. Ses brillantes qualités et son incomparable bravoure firent à la fin tomber d'injustes préventions. Quant aux soldast et aux matelots, qui le voyaient toujours prêt à payer de sa personne aux postes les plus périlleux, ils l'adoraient et l'appelaient leur père; il pouvait compter en tout temps et en toute circonstance sur leur obéissance et sur leur dévouement. Le gouvernement français avait fondé sur d'Estaing de grandes espérances et le jugeait capable de remporter d'éclatants succès sur les côtes de l'Amérique du Nord et dans les Antilles.

L'escadre de Toulon, prête dès les premiers jours d'avril 1778, quitta ce port le 13, le comte d'Estaing ayant son pavillon sur le *Languedoc*, de quatre-vingt-dix canons. Parmi les capitaines de vaisseau qui suivaient l'amiral, se trouvait M. de Suffren, alors commandeur de l'ordre de Malte, plus tard bailli du même ordre, et que ses exploits dans l'Inde, pendant les dernières années de cette guerre maritime dont nous écrivons un rapide récit, ont rendu célèbre sous le nom de bailli de Suffren.

D'Estaing avait reçu du ministre de la marine les instructions suivantes : arriver le plus rapidement possible sur la côte américaine, afin de surprendre les neuf vaisseaux de l'amiral Howe à l'embouchure de la rivière Delaware. Les troupes anglaises qui occupaient Philadelphie se trouveraient prises alors entre l'armée américaine et la flotte française et seraient réduites à capituler.

C'était à peu près la même combinaison que celle qui, trois ans plus tard, conduisit au glorieux succès de Yorktown. On verra comment d'Estaing, un peu par sa faute, beaucoup par la faute des circonstances, et par suite des mauvaises qualités de marche de quelques-uns de ses navires, arriva trop tard et manqua l'occasion d'inaugurer sa campagne par un coup d'éclat. Le ministre avait d'ailleurs prévu le cas. Les instructions portaient que, si l'amiral Howe n'était plus à l'embouchure de la Delaware à l'époque où d'Estaing y arriverait, le commandant de l'escadre s'efforcerait d'attaquer les Anglais partout où il le pourrait sans compromettre imprudemment ses forces; mais si les Anglais, ayant reçu des renforts, avaient une supériorité décidée, l'escadre devait se retirer à Boston et de là gagner les Antilles.

Lorsque, le 13 avril, les douze vaisseaux suivis de trois frégates sortirent du port de Toulon, nul autre que l'amiral, à bord de l'escadre, ne connaissait le but de l'expédition. Le 17 mai seulement, après trente-quatre jours passés à lutter contre des vents contraires, la flotte franchit le détroit de Gibraltar. C'était bien du temps perdu, quand la condition essentielle du succès était la plus grande vitesse possible ! Nos marins pensaient que l'escadre se rendait à Brest; mais, le troisième jour après la sortie de la Méditerranée, ordre est donné aux capitaines d'ouvrir les plis cachetés qui leur avaient été remis avant le départ, et les équipages apprennent que l'on va traverser l'océan Atlantique et porter secours aux États-Unis d'Amérique. « Le 20 mai, à onze heures du matin, lisons-nous dans le journal du chevalier de Borda, major de l'escadre, on a dit la messe à bord du *Languedoc*. Tout l'état-major y assistait en grand uniforme. On a pavoisé et on a mis le pavillon de commandement avec le grand pavillon de poupe. On a ensuite publié l'ordre de représailles et de courre sur les vaisseaux anglais, ainsi que l'ordre sur la distribution des prises. L'équipage y a répondu par des acclamations de joie réitérées, avec des cris de : Vive le roi ! »

D'Estaing avait des vaisseaux de valeur très différente au point de vue de la marche ; quelques-uns étaient tout à fait mauvais. « Ceux-ci, écrivait d'Estaing au ministre, font courir des risques à leur mâture en restant toujours couverts de toile, tandis que nous roulons et que la mer nous mange, parce qu'il faut sans cesse tout carguer pour les attendre. » On allait donc très lentement, et comme si cette cause de retard n'était pas déjà assez regrettable, le comte d'Estaing s'avisa de faire exécuter, pendant la traversée, de nombreuses évolutions. C'était bien d'exercer ses troupes sur ce grand champ de manœuvres qu'offrait l'Océan. Mais l'important était d'arriver vite, et d'Estaing n'y songeait vraiment pas assez. Au commencement de juillet enfin, après un voyage de plus de trois mois, l'escadre jeta l'ancre dans la baie de la Delaware. L'amiral Howe était parti depuis quinze jours. Si d'Estaing avait pu gagner ces deux semaines, il aurait certainement battu l'escadre anglaise, car celle-ci ne comprenait que six navires de premier rang, trois plus petits, et des transports chargés des bagages de l'armée de terre, qui était en pleine retraite depuis le 22 juin à travers l'État de New-Jersey. Howe battu, le général anglais Clinton, à supposer qu'il eût évacué à temps Philadelphie, n'aurait toujours pas trouvé à la pointe de Sandy Hook les vaisseaux qui devaient le transporter à New-York ; cerné par les Américains et par la flotte française, il se rendait forcément à discrétion.

De l'embouchure de la Delaware où sa présence n'était plus utile, le comte d'Estaing se dirigea en toute hâte vers la pointe de Sandy-Hook, en vue de laquelle il arriva le 10 juillet; la flotte anglaise était à l'ancre dans l'intérieur de la baie de

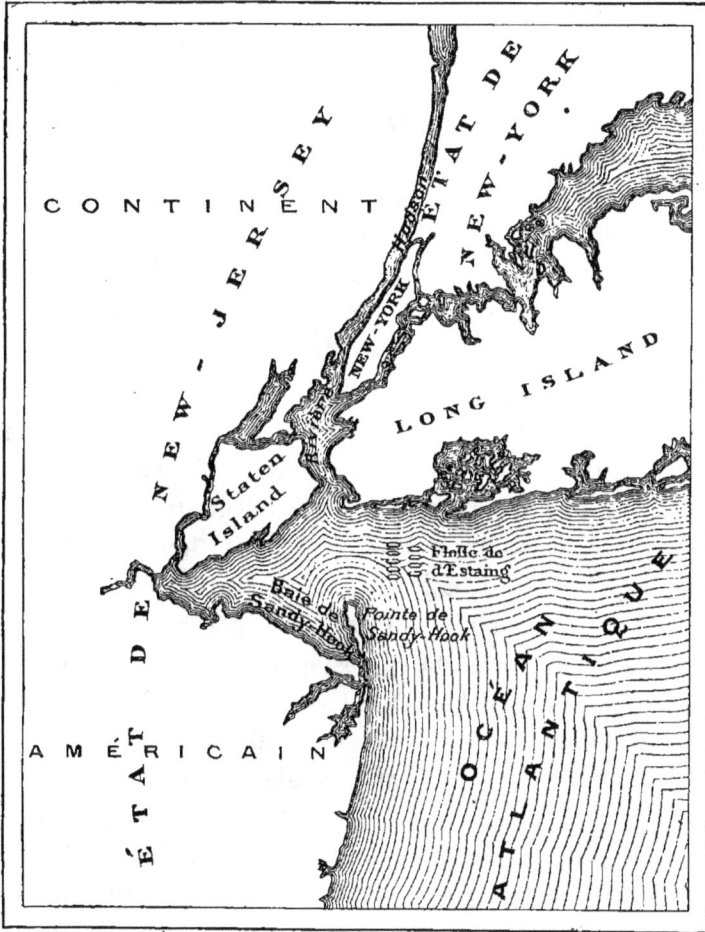

L'ESCADRE DE D'ESTAING DEVANT LA POINTE DE SANDY-HOOK.

New-York, entre le promontoire du New-Jersey et l'extrémité occidentale de Long-Island.

L'escadre française avait à peine pris position devant

l'entrée de la baie, quand d'Estaing reçut la visite de deux aides de camp de Washington, Laurens et Hamilton, qui venaient présenter au chef de la flotte alliée, en même temps que les compliments du général américain, le plan d'une opération combinée contre la ville de New-York, opération qui supposait la destruction préalable de l'escadre de lord Howe : or tout faisait penser, les forces maritimes en présence étant fort inégales, que d'Estaing n'avait besoin pour vaincre que de pénétrer hardiment dans la baie. L'amiral français adopta résolument les vues du général américain et tout se prépara sur terre et sur mer, dans le camp de Washington près du fleuve Hudson, comme sur les vaisseaux de l'amiral d'Estaing, pour une attaque générale.

A New-York et dans la rade, l'agitation était extrême. C'était la première fois que les marins anglais éprouvaient la mortification de voir une flotte britannique bloquée et insultée dans son propre port, tandis que les couleurs françaises flottaient orgueilleusement au large. L'excitation n'était pas moins vive à bord des bâtiments français. Officiers et équipages exultaient; la victoire paraissait assurée. Entre eux et un éclatant triomphe, aucun autre obstacle que la pointe allongée et basse de Sandy-Hook ! On allait enfin délivrer les côtes de l'Amérique de cet odieux pavillon britannique qu'on voyait flotter sur une forêt de mâts au delà de cette mince barrière de sable !

Oui, mais s'il suffisait pour vaincre d'entrer dans la baie, encore y fallait-il entrer, et la flotte française restait immobile, arrêtée précisément par cette barrière de sable qui, se prolongeant sous la mer jusqu'à la côte de Long-Island, se trouva fermer tout accès dans la rade à des vaisseaux comme le *Languedoc* et le *César* tirant de vingt-trois à vingt-cinq pieds d'eau. Vainement d'Estaing multiplia les sondages; vainement il fit appel aux meilleurs pilotes américains, et offrit un jour, en présence de tous les capitaines réunis à son bord, une récompense de cent cinquante mille livres à l'homme hardi qui réussirait à faire entrer l'escadre dans la baie, toutes les passes furent déclarées infranchissables; aucun pilote ne voulut tenter l'entreprise.

Il fallut bien se rendre à l'évidence; la flotte ennemie, composée sans doute de bâtiments tirant moins d'eau que les nôtres, ne pouvait être atteinte. D'Estaing resta quelques jours encore devant la baie de New-York; puis, après un échange fort actif de communications avec le général américain, il mit à la voile vers l'est, et, le 29, jeta l'ancre devant Newport, la ville la plus importante, après Boston, des États de la Nouvelle-Angleterre, et en ce moment au pouvoir de l'ennemi.

Washington voulait à tout prix tirer parti de la présence d'une flotte française sur les côtes américaines. A un premier plan reconnu inexécutable il s'était hâté d'en substituer un autre et avait proposé à d'Estaing de tenter à Newport ce qui n'avait pu se faire à New-York. Le nouveau projet du commandant en chef de l'armée des États-Unis avait été agréé de très bonne grâce par l'amiral français.

CHAPITRE X

La ville de Newport est située au sud-ouest de l'île de
Rhode, qui s'étend sur une longueur de vingt-cinq kilomètres au milieu de la grande baie de Narraganset, et fait
partie de l'État de Rhode-Island, auquel elle donne son nom.

La baie s'ouvre sur la mer par trois entrées, dont la principale est dominée par Newport. Les Anglais avaient fait de
cette ville une de leurs places d'armes les plus importantes;
d'immenses approvisionnements y étaient réunis. Le général sir Robert Pigott y commandait six mille hommes.

Washington avait ordonné au général américain Sullivan,
commandant à Providence, capitale de l'État, d'appeler à lui
les milices de la Nouvelle-Angleterre. Avec ces forces, s'éle-
vant à huit ou dix mille hommes, il devait passer de la terre
ferme dans l'île de Rhode et tomber sur les troupes anglaises,
tandis que la flotte de d'Estaing bombarderait Newport et
débarquerait quatre mille hommes devant la ville.

Tout alla bien d'abord. Le 8 août, d'Estaing vint s'établir

devant l'entrée du port, et Suffren, remontant la passe, força
les Anglais à brûler quelques-unes de leurs frégates. Sullivan avait achevé la concentration de ses forces, et le 9,
opérant la traversée du détroit, il s'emparait des fortifications
du nord de l'île. Déjà d'Estaing pressait les derniers pré-

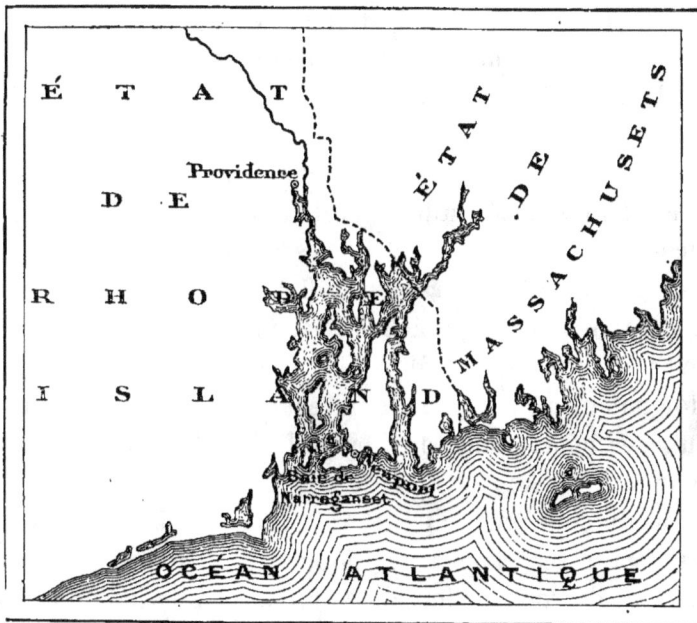

NEWPORT.

paratifs pour le débarquement convenu et pour l'assaut qui
devait le suivre de très près, lorsqu'il reçut avis qu'une flotte
considérable était en vue au large de la baie.

C'était la flotte de lord Howe, mais renforcée de quatre
puissants navires, arrivés isolément à New-York, et formant
l'avant-garde de cette escadre de l'amiral Byron que le gouvernement anglais avait envoyée en Amérique, aussitôt qu'il
avait connu la véritable destination de la flotte de d'Estaing.

Lord Howe arrivait en temps opportun, sinon pour défendre Newport, du moins pour contraindre son rival à
abandonner le rôle qui lui avait été réservé dans l'attaque
commune. D'Estaing pouvait redouter en effet d'être bloqué
à son tour dans la baie de Narraganset et de se trouver pris
entre les batteries de la ville et les canons des bâtiments
ennemis. La position était critique. Le vent s'étant mis à
souffler du nord la nuit suivante, ce qui était rare en cette
saison, l'amiral français en profita pour sortir de la passe et
gagner la pleine mer. Là il retrouverait, sinon la supériorité,
du moins l'égalité des forces, en même temps que celle de la
position. Il avait prié Sullivan de l'attendre, lui promettant
le concours de ses troupes et de ses marins dès son retour,
après qu'il se serait mesuré avec la flotte anglaise.

Les deux escadres commencèrent, pour gagner l'une sur
l'autre l'avantage du vent, d'habiles et lentes manœuvres qui
les éloignaient peu à peu de la côte, et bientôt les yeux
anxieux des combattants de l'île de Rhode les virent dispa-
raître au sud.

Le soir du deuxième jour, les vaisseaux des deux escadres
étaient déjà assez rapprochés pour que d'Estaing prît ses
dispositions de combat, lorsque subitement survint un coup
de vent d'une violence extrême qui sépara les deux flottes et
dispersa tous les bâtiments. Il fallut serrer les voiles et se
préparer à lutter non plus contre les hommes, mais contre les
fureurs de la tempête. Toute la nuit, le vaisseau amiral fut
secoué avec une telle force, qu'on put croire à chaque instant
qu'il allait périr. A trois heures du matin, le mât de beaupré
se tord et tombe, entraînant le mât de misaine et le mât
d'artimon. Restait encore le grand mât; mais il tenait à peine
et on voyait bien qu'il allait fléchir sous le poids dont le
chargeaient les parties hautes de la voilure. D'Estaing
demande des hommes de cœur et de bonne volonté pour
grimper dans la hune et amener la grande vergue; des mate-

lots s'élancent, et l'amiral les suit d'un regard anxieux. Tout
à coup un craquement se fait entendre. « Je ne cache pas,
écrivit plus tard d'Estaing, qu'alors que tous les désastres
s'accumulaient, l'instant du bruit fatal qui annonçait la perte
de ces braves gens fut pour moi le plus cruel de tous. Je les
rappelai avec plus de force que je n'en avais mis pour les
exciter à monter; ils me parurent descendre moins vite qu'ils
ne s'étaient élevés. Le dernier était encore dans les haubans
quand le mât vint à bas : personne ne périt. »

Voilà donc le *Languedoc* complètement seul et sans mâts;
quelques minutes plus tard le gouvernail est cassé; plus rien
ne dirige cette grosse masse flottante, cette épave portant
quatre-vingt-dix canons, sur laquelle se précipitent d'énormes
vagues et se déchaîne un vent furieux. La tempête ne s'apaise
qu'après deux jours; on se reprend cependant à quelque espoir
à bord du *Languedoc*, quand soudain apparaît à l'horizon un
vaisseau anglais de cinquante canons, le *Renown*, que l'ouragan n'avait pas trop maltraité. Longtemps ce navire manœuvra
autour de son adversaire paralysé, ne se doutant pas que ce
ponton portait un lieutenant-général des armées du roi. Il vi-
rait vent devant, puis vent arrière, comme s'il ne savait par quel
côté commencer l'attaque. Enfin il se décida et vint pointer ses
canons de flanc contre les six pièces de l'arrière du *Languedoc*. D'Estaing, qui ne pouvait manœuvrer, puisqu'il n'avait
plus ni mât ni gouvernail, crut bien son navire perdu. Mais
le *Renown*, qui paraissait peu comprendre les avantages de sa
situation, tira trois volées seulement, puis vira encore une
fois. Dans ce mouvement il se présenta à son tour de profil à
l'ennemi, et les six pièces du *Languedoc*, pointées par les excellents canonniers de d'Estaing, envoyèrent six boulets
lancés avec une telle précision, qu'entrant par la poupe, ils
enfilèrent toute la longueur des batteries et y firent d'affreux
ravages. Le *Renown* n'en demanda pas plus et disparut lentement à l'horizon.

Le lendemain les matelots du *Languedoc* aperçurent au loin sept voiles : c'était l'escadre française qui manœuvrait pour rallier le pavillon amiral. Quand les premières réparations furent faites tant bien que mal en pleine mer, d'Estaing passa sur un autre bâtiment et la flotte regagna le mouillage de Rhode-Island.

Lord Howe, dont l'escadre n'avait pas été moins maltraitée que celle de d'Estaing, s'était retiré à New-York.

Devant Newport, on apprit une grave nouvelle, l'arrivée, dans les eaux américaines, des treize vaisseaux partis d'Angleterre le 12 juin sous le commandement de l'amiral Byron. Les Anglais avaient désormais une supériorité tellement évidente, qu'il eût été imprudent de risquer la lutte, alors même que la flotte eût été en bon état. Désemparée par la dernière tempête, elle ne pouvait plus même tenir la mer. D'Estaing, ayant pris l'avis de tous ses capitaines, décida qu'il fallait s'en tenir aux instructions qu'il avait emportées de France, et que la flotte devait se rendre à Boston, où elle pourrait se réparer en toute sécurité.

Cette décision était la seule que les circonstances permissent de prendre ; mais il faut avouer que les Américains jouaient de malheur depuis quelques semaines avec l'alliance française. Sullivan, qui attendait avec une fiévreuse impatience le retour des vaisseaux alliés, s'était établi témérairement tout près des lignes anglaises. Cette même tempête qui avait dispersé les deux flottes avait mis un tel désordre dans son camp, que Sir Pigott en eût eu bon marché, s'il lui avait pris l'idée de l'assaillir. Aussi le 19 août, lorsque furent aperçus les premiers vaisseaux rentrant dans la baie, ce ne fut qu'un cri de joie dans les lignes américaines : Newport allait succomber sous un double assaut ! Qu'on juge du désappointement et de la douleur de Sullivan, lorsque, au lieu de voir débarquer des troupes, il reçut une lettre de d'Estaing lui annonçant que, conformément aux ordres de son souverain et à l'avis de ses capitaines, il allait faire voile pour Boston.

L'officier américain supplia d'Estaing de revenir sur sa décision. Greene et La Fayette, qui portèrent sa lettre à bord du *Languedoc,* joignirent leurs instances personnelles à celles de leur général. Que fallait-il pour emporter la place? Deux jours à peine : quel découragement lorsqu'on allait voir échouer ce premier essai de coopération, pour le succès duquel les Américains avaient fait de si coûteux préparatifs, sur lequel ils avaient fondé de si belles espérances!

D'Estaing, très ému de ces plaintes, eût risqué volontiers l'entreprise, mais l'opposition de ses officiers était formelle. Il fit lever l'ancre.

Lorsque Greene et La Fayette revinrent au camp annoncer l'insuccès de leur mission, les Américains éclatèrent en cris indignés. Tous les officiers généraux, sauf La Fayette, signèrent une protestation dans laquelle le départ de la flotte pour Boston était déclaré « attentatoire à l'honneur de la France, contraire à l'intention de Sa Majesté Très Chrétienne, désastreux pour les États-Unis, hautement injurieux pour l'alliance des deux nations ». Sullivan publia en outre l'ordre du jour suivant : « Le général ne peut s'empêcher de déplorer la retraite soudaine et inattendue de la flotte française; il estime que ce départ tend à décourager ceux qui avaient mis une grande confiance dans le secours promis; il espère que l'évènement prouvera que l'Amérique est capable de s'assurer par ses propres armes ce que ses alliés refusent de l'aider à obtenir. »

Washington, désolé de l'échec de l'entreprise contre Newport, ne le fut pas moins de l'explosion de sentiments hostiles à la France, que provoqua le désappointement de l'opinion publique. Dans toutes les provinces de la Nouvelle-Angleterre la population accablait d'invectives la flotte française et son chef. A Boston même, on vit éclater une sorte d'émeute, dans laquelle deux officiers de l'escadre furent blessés. Le com-

mandant en chef de l'armée américaine s'efforça de calmer
cette effervescence, désavoua Sullivan, et réussit, à force
de tact, à calmer les susceptibilités si malencontreusement
excitées de part et d'autre.

D'Estaing avait fait connaître au congrès les sérieux motifs
pour lesquels il avait dû quitter Newport, et le congrès répondit par le vote d'une résolution publique dans laquelle était
exprimée sa parfaite approbation de la conduite de l'amiral.
Washington de son côté écrivit à d'Estaing : « Si le plus profond regret que l'entreprise la mieux concertée et les plus
vaillants efforts aient échoué par suite d'un désastre que la
prudence humaine ne pouvait ni prévoir ni prévenir, peut
apporter quelque allègement à un grand désappointement,
soyez assuré que tout le continent sympathise avec vous. La
partie pensante de l'humanité ne fonde pas ses jugements sur
les évènements ; son équité n'attache pas moins de gloire aux
actions qui méritaient le succès qu'à celles que le succès a
couronnées. »

Ainsi finit cet incident, qui aurait pu laisser des traces profondes de mésintelligence entre les officiers des deux nations,
si Washington n'avait pas compris, en homme d'État et en
homme de guerre, qu'on ne pouvait vraiment en vouloir au
comte d'Estaing de ce qu'une série de circonstances fâcheuses
avait empêché l'alliance franco-américaine de porter tous ses
fruits dès la première tentative. D'ailleurs l'expédition de
d'Estaing n'avait pas été aussi stérile en réalité qu'elle le pouvait paraître. La seule assurance que le gouvernement français enverrait une flotte en Amérique avait décidé le gouvernement anglais à ordonner l'évacuation de Philadelphie et
l'abandon de la province de New-Jersey. Ainsi, avant même
que notre pavillon parût devant les côtes des États-Unis,
ceux-ci nous devaient déjà d'avoir recouvré le siège de leur
congrès continental et d'avoir pu reprendre devant New-York
les positions perdues depuis dix-huit mois.

La campagne était finie. L'hiver approchant et les opérations navales devenant fort difficiles en cette saison sur les

WASHINGTON.

côtes de l'Amérique du Nord, d'Estaing, après avoir remis
tous ses navires en bon état, partit vers la fin d'octobre pour
les Antilles.

CHAPITRE XI

COMBAT DE LA GRENADE

Les Antilles. — Le marquis de Bouillé s'empare de la Dominique, mais perd Sainte-Lucie. — Comment d'Estaing a bien tort (1779) d'abandonner la mer pour la terre et se fait battre en voulant enlever les fortifications de Sainte-Lucie. — Le lieutenant du Rumain prend Saint-Vincent, juin 1779. — D'Estaing s'empare de la Grenade et emporte un fort d'assaut. — Le combat naval de la Grenade, du 6 juillet 1779, est presque une victoire.

On appelle Antilles ces îles innombrables qui s'étendent en demi-cercle, dans la direction du nord-ouest au sud-est, entre l'Amérique du Nord et l'Amérique du Sud, depuis l'extrémité de la Floride jusqu'à l'embouchure de la rivière Orénoque.

Les géographes ont réparti ces îles en trois groupes : les Lucayes ou Bahama, au nord; les grandes Antilles, à l'ouest; les petites Antilles ou îles Caraïbes à l'est. On distingue encore dans celles-ci les îles du Vent, exposées aux vents alizés qui soufflent de l'océan Atlantique, et les îles sous le Vent, réparties le long de la côte du Venezuela. Les îles du Vent étaient à la fin du dernier siècle et sont encore aujourd'hui les plus fertiles, les plus riches et les plus peuplées des petites Antilles. Elles comprennent une longue chaîne d'îles boisées et volcaniques s'étendant du nord au sud, sur une longueur de mille kilomètres, depuis les îles Vierges à l'est de Porto-Rico jusqu'à la Trinidad, qui n'est sé-

parée du continent sud-américain que par un étroit passage.
Le groupe des grandes Antilles se compose de Cuba, Saint-

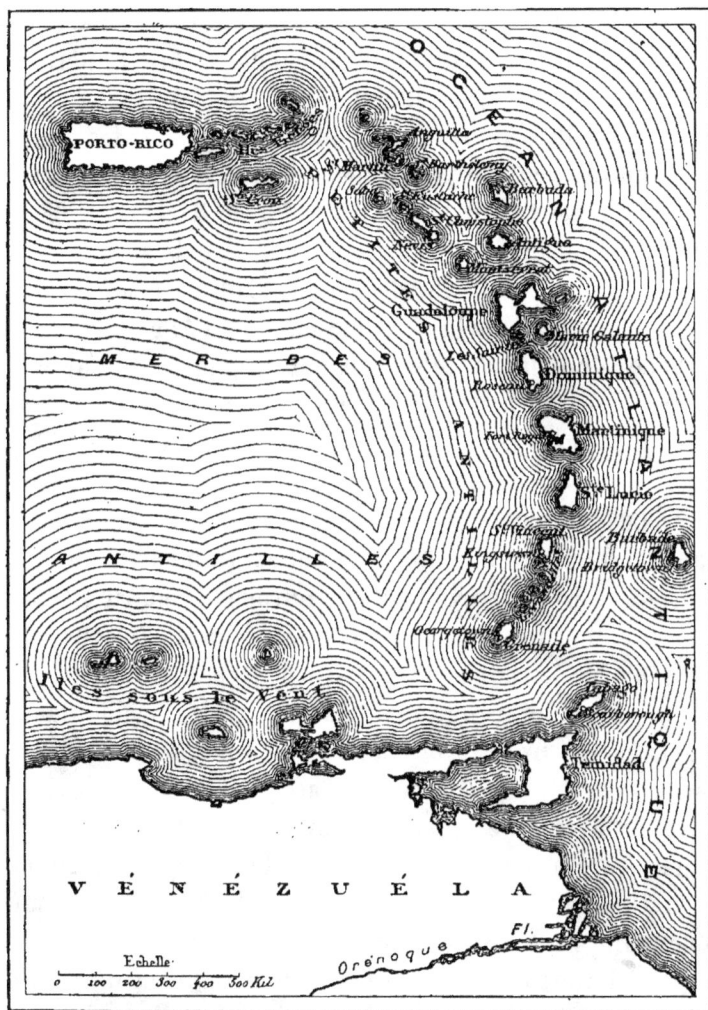

LES ANTILLES.

Domingue, la Jamaïque et Porto-Rico. Les Espagnols y possédaient en 1778 Cuba, la plus grande de ces îles, longue de

deux cent cinquante lieues, puis la moitié orientale de Saint-
Domingue, et Porto-Rico. Nous avions colonisé la moitié
occidentale de Saint-Domingue. Les Anglais occupaient la Jamaïque, que Cromwell avait fait enlever, en 1655, aux Espagnols, par une flotte dont le commandant était le père du
célèbre William Penn, fondateur de la Pensylvanie.

La situation de l'Angleterre et de la France dans les petites
Antilles, au moment où commençait la guerre de 1778, était
encore telle que l'avait réglée le traité de Paris en 1763, et
assurait en conséquence à la marine anglaise de grands avantages. La France possédait, il est vrai, Sainte-Lucie en outre
de la Guadeloupe et de la Martinique, mais l'Angleterre avait
la Barbade, dont la capitale Bridgetown compte aujourd'hui
trente mille habitants ; elle avait la Dominique, et plus au
sud, Saint-Vincent, Tabago, la Grenade et les Grenadilles,
sans parler des îles Vierges, de Saint-Christophe, Montserrat, etc. La principale station navale était la Barbade, où le
vice-amiral Barrington commandait une dizaine de navires au
moment où se livrait sur les côtes d'Europe le combat d'Ouessant. C'est à Fort-Royal, sur la côte ouest de la Martinique, que
mouillaient les escadres françaises chargées de maintenir
l'honneur du pavillon national dans les Indes occidentales.

Le gouverneur français des îles du Vent était, à cette époque,
le marquis de Bouillé. Il reçut, en août 1778, des ordres du
ministre de la marine, apportés par la frégate la *Concorde;*
il lui était enjoint de s'emparer de la Dominique, île située
entre la Guadeloupe et la Martinique. Ce fut l'affaire d'un
coup de main. Douze cents soldats et mille volontaires furent
débarqués devant la petite ville du Roseau, chef-lieu de la
Dominique. La capitulation fut immédiate ; elle nous donnait
cent soixante-quatre pièces de canon, vingt-quatre mortiers,
des munitions de toute espèce. Les habitants furent traités
avec la plus grande douceur et n'eurent point à se plaindre
du changement de domination. Le contre-amiral Barrington

arriva trop tard au secours de l'île : voyant le drapeau français flotter sur les forts du Roseau et ne pouvant poursuivre les vaisseaux ennemis jusque dans le port de Fort-Royal, il dut revenir à la Barbade, non sans méditer une revanche.

Trois mois plus tard, ayant été rejoint par une division navale que lui envoyait des côtes de l'Amérique du Nord, l'amiral Byron, il entreprit d'attaquer Sainte-Lucie, avec sept vaisseaux et quatre mille hommes de débarquement. L'attaque commença le 13 décembre ; le soir du 14, les Anglais étaient maîtres du rivage, la petite garnison française ayant dû se réfugier dans la montagne.

La journée du lendemain 15 réservait une désagréable surprise au contre-amiral Barrington ; il aperçut en effet une flotte ennemie se déployer au large et s'avancer en bon ordre sur ses vaisseaux. C'était le comte d'Estaing qui, venant de Boston, et apprenant à son arrivée le 9 décembre à Fort-Royal la nouvelle de l'attaque de Sainte-Lucie, avait mis aussitôt à la voile pour disputer au commandant anglais sa facile conquête. La situation de Barrington était périlleuse. Si d'Estaing s'était montré dans cette circonstance aussi habile commandant d'escadre que soldat intrépide, il eût sans doute infligé un très rude échec à la marine anglaise. Il se contenta de canonner pendant quelques heures à longue distance les vaisseaux ennemis ; puis, abandonnant l'attaque maritime, il débarqua le corps expéditionnaire que portait son escadre, et s'élança à sa tête à l'assaut des positions occupées sur le rivage par les Anglais. Mais ceux-ci étaient abrités par de solides retranchements qu'armait une excellente artillerie. Décimés par un feu meurtrier, les Français tinrent bon pendant quelques heures ; il fallut pourtant se retirer. D'Estaing venait de perdre dans cette entreprise mal conçue, où tant de valeur fut dépensée en pure perte, quarante officiers et huit cents hommes tués ou blessés. Quelques jours plus tard, renonçant à attaquer de nouveau Barrington et apprenant que l'amiral Byron allait arriver aux îles du Vent, il fit rembarquer les troupes et rentra le 30 décembre à la Martinique; Sainte-Lucie restait définitivement à l'Angleterre.

Les conseils énergiques n'avaient pas manqué à d'Estaing. De Suffren, qui servait sous ses ordres, lui avait écrit le 18 décembre : « Détruisons cette escadre; l'armée de terre, manquant de tout dans un mauvais pays, serait bien obligée de se rendre. Que Byron vienne après, il nous fera plaisir. » De Suffren aurait attaqué hardiment, mais il avait précisément les qualités qui faisaient défaut à d'Estaing : il savait oser à propos, et ne reculait pas devant les plus lourdes responsabilités du commandement.

Cependant l'amiral Byron arrivait en effet à la Barbade et opérait sa jonction, en janvier 1779, avec Barrington. D'autre part, le comte de Grasse, parti de Brest avec une division de cinq vaisseaux, mouilla en février dans la baie de Fort-Royal. Les forces étaient accrues des deux côtés, sans que la proportion fût modifiée, et ni Byron ni d'Estaing ne se trouvaient tentés de sortir de leur immobilité. Enfin l'amiral français, apprenant en juin que Byron allait escorter hors des passes des Antilles une flotte marchande en partance pour la Grande-Bretagne, résolut de mettre à profit l'absence de son adversaire pour s'emparer de l'île Saint-Vincent, située au sud de Sainte-Lucie. Des Caraïbes habitaient encore cette île et avaient promis leur concours. Trois corvettes et deux goélettes emportèrent quatre cents soldats et volontaires créoles, et ceux-ci, aidés des Caraïbes, obtinrent en vingt-quatre heures la capitulation de la petite ville de Kingston. Le lieutenant de vaisseau du Rumain, qui commandait l'expédition, était sur le point d'arrêter les termes de la reddition, lorsque plusieurs navires furent aperçus au large. Du Rumain s'élance aussitôt à son bord, coupe le câble, se dirige en hâte vers les voiles signalées, reconnaît des bâtiments de commerce, leur fait la chasse et en ramène deux à Saint-Vincent, puis reprend l'affaire de la capitulation au point où cet incident l'avait interrompue.

D'Estaing avait à peine reçu la nouvelle de la prise de Saint-Vincent, qu'une division de huit vaisseaux, escortant soixante bâtiments et commandée par Lamotte-Picquet, entrait dans la baie de Fort-Royal.

Nos forces étaient désormais considérables. Le vice-amiral de France prit la mer le 31 juin avec vingt-cinq vaisseaux. Les officiers les plus distingués étaient réunis sous ses ordres : avec des chefs d'escadre comme Lamotte-Picquet, et des capitaines qui s'appelaient de Suffren, de Bruyères, de Champorcin, de Boulainvilliers, d'Albert de Rions, de Bougainville, que n'eût pas fait d'Estaing, s'il avait montré autant de décision dans le commandement en chef et d'habileté dans la direction d'une grande flotte, qu'il savait déployer de bravoure en conduisant une colonne à l'assaut !

Le 2 juillet, il parut devant la ville de George-Town, capitale de l'île de la Grenade, voisine de Saint-Vincent. Les troupes furent débarquées aussitôt. Le morne de l'Hôpital, position formidable où les Anglais avaient établi un camp retranché pour la protection de la ville, fut enlevé dans la nuit du 3 au 4 avec le plus magnifique entrain. D'Estaing, toujours à la tête de ses hommes, sauta un des premiers, l'épée à la main, dans les retranchements ennemis. La capitulation de la ville nous donna cent deux canons, treize mortiers, trois drapeaux, des vivres, des munitions et trente bâtiments marchands. Quarante-huit heures ne s'étaient pas encore écoulées, quand nos frégates signalèrent l'approche de l'amiral Byron avec vingt et un vaisseaux et vingt-huit transports.

Le combat s'engagea dès le point du jour et se poursuivit avec une grande violence en vue des côtes de la Grenade, jusqu'à midi. Quatre vaisseaux anglais, très maltraités, se trouvaient un peu éloignés de leur escadre. L'amiral Byron, trop affaibli pour reprendre la lutte, opéra des manœuvres de retraite sans attendre les bâtiments retardaires, et ceux-ci eussent infailliblement été pris si d'Estaing les avait fait chasser. Nous ne prîmes qu'un transport chargé de cent cinquante soldats, maigre trophée pour une bataille où nous avions vingt-cinq vaisseaux contre vingt et un. L'amiral Byron, qui avait été quelque peu téméraire en cette occurrence, fut fort heureux de s'en tirer à si bon compte et s'étonna que les Français n'eussent pas poursuivi la flotte. Dans une lettre écrite quelques jours plus tard, de Suffren dit : « Le général s'est conduit par terre et par mer avec beaucoup de valeur. La victoire ne peut lui être disputée ; mais, s'il avait été aussi marin que brave, nous n'aurions pas laissé échapper quatre vaisseaux démâtés. »

La journée avait été très rude. Les Anglais avaient plus de cinq cents hommes hors de combat, tués ou blessées, et parmi ceux-ci le contre-amiral Barrington. Nous avions perdu plus de monde encore, environ neuf cents tués ou blessés ; mais les vaisseaux anglais avaient beaucoup souffert de notre feu.

Lorsque les deux officiers chargés par d'Estaing de remettre au roi les drapeaux pris sur l'ennemi eurent apporté en France la nouvelle de la prise de la Grenade et de la bataille du 6 juillet, une grande joie s'empara de toute la nation, que la guerre de Sept Ans n'avait pas habituée à des succès maritimes, et un *Te Deum* fut chanté à Paris.

CHAPITRE XII

D'ESTAING A SAVANNAH

—

D'Estaing essaye avec le général américain Lincoln d'enlever aux Anglais la ville de Savannah, octobre 1779. — Il échoue. — Beau combat livré en décembre 1779 par Lamotte-Picquet à l'amiral Hyde Parker sur la côte de la Martinique.

La demi-victoire du 6 juillet 1779 nous assurait pour le reste de l'année la possession de la Dominique, de Saint-Vincent, de la Grenade et des petites îles du même groupe dont nous venions de faire la conquête. D'Estaing pouvait s'éloigner des Antilles. Le mois suivant il se rendit à Saint-Domingue, où il trouva des lettres du consul de France à Charleston et du gouverneur de la Caroline du Sud. On lui mandait que les Anglais s'étaient emparés de la Georgie, mais que, s'il pouvait paraître sur la côte, il lui suffirait de donner quelques secours aux Américains pour assurer le salut des deux Carolines et peut-être la délivrance de la province déjà envahie. D'Estaing, très désireux de rendre à nos alliés quelque service efficace, fit voile vers le nord, et, à la fin d'août, laissa tomber l'ancre à l'embouchure de la rivière Savannah. Une seconde fois nous allions tenter une opération en commun avec les Américains, et de nouveau nous allions échouer.

Les Anglais s'étaient emparés en décembre 1778 de la ville de Savannah, située sur la rivière du même nom, à quelque

distance de l'embouchure. D'Estaing fit savoir au gouverneur
de l'État qu'il était disposé à donner son concours pour une
attaque combinée contre cette ville. Il fit en même temps débarquer des troupes et prit ses mesures pour opérer sa jonction avec la petite armée américaine qui, sous les ordres du
général Lincoln, se préparait à investir Savannah. Les Américains n'étaient pas prêts; le général anglais eut tout le loisir
de mettre la place en bon état de défense, et il fallut, après
de longs retards, entreprendre un siège en règle.

Cependant les coups de vent se succédaient à l'embouchure
de la Savannah où nos vaisseaux mouillaient sans abri; chaque
jour démontrait plus nettement la nécessité d'éloigner l'escadre; les capitaines des vaisseaux représentaient à d'Estaing
l'impossibilité de rester plus longtemps dans une position où
l'on avait à craindre les tempêtes de l'automne, et une attaque
des escadres anglaises, alors qu'une partie considérable des
équipages avait été débarquée. Les chefs de la petite armée
franco-américaine résolurent de courir les chances d'un
assaut. Les généraux s'élancèrent au premier rang, et les
troupes, entraînées par l'admirable vaillance des chefs, firent
des prodiges de bravoure. « Au grand jour, le détachement
dont M. d'Estaing avait pris la conduite, et qui était grossi par
les milices de la Caroline, s'avançait intrépidement, quand
un feu bien nourri des parapets ennemis, canons et mousqueterie, jeta le désordre dans les rangs. Néanmoins deux
lieutenants au second régiment de la Caroline du Sud plan-
tèrent le drapeau des États-Unis sur le rempart; tous deux
furent tués; le sergent Jasper, quoique blessé à mort, sauva les
couleurs de son bataillon; l'on vit flotter pour un instant le
drapeau français sur la redoute; mais, après une lutte acharnée
qui dura presque une heure, les assaillants furent contraints
de rendre cette position à l'ennemi. La retraite fut décidée
par une charge vigoureusement exécutée par Maitland à la
tête des grenadiers et des troupes de marine. Les Anglais

eurent fort peu de monde hors de combat; la perte des Français fut de six cents hommes, dont soixante officiers tués ou blessés, celle des Américains de deux cents. D'Estaing reçut deux blessures, et Pulaski une seule, mais mortelle[1]. »

Les Anglais restaient maîtres de Savannah et de la Georgie. Avant la fin d'octobre d'Estaing avait rembarqué ses troupes.

« Malgré l'échec que nous venions de subir, la présence de l'escadre française sur la côte n'avait pas été sans utilité pour la cause des États-Unis. Les Anglais, ignorant le point où nous avions l'intention de nous porter, étaient restés partout sur la défensive. Le général Clinton, craignant que New-York ne fût attaqué par terre et par mer, avait concentré toutes ses forces dans cette ville. Par son ordre, l'île Rhode (État de Rhode-Island), que nous avions vainement attaquée en 1778, fut évacuée, et telle avait été la précipitation du mouvement de retraite, que les Américains avaient trouvé dans Newport des vivres, des munitions et des pièces d'artillerie qu'on avait négligé d'enclouer[2]. »

D'Estaing rentra en Europe et Lamotte-Picquet fit voile vers la Martinique, où il arriva dans les premiers jours de décembre. Une tempête avait dispersé ses vaisseaux, qui rentrèrent cependant, mais les uns après les autres et la plupart fort maltraités. Il fallut en désarmer quelques-uns; tous avaient besoin d'importantes réparations.

L'escadre était dans ce fâcheux état, lorsque le 18 décembre un convoi de vingt-six navires de commerce, parti de Marseille, arriva en vue de la Martinique, escorté de la frégate l'*Aurore*. L'amiral Hyde Parker, qui avait succédé à Byron dans le commandement des forces anglaises aux Antilles, apparut également, prêt à fondre avec quatorze vaisseaux sur cette riche proie. L'*Aurore* se mit bravement en mesure de défendre

1. Bancroft, *Histoire des États-Unis*.
2. Chevalier, *Histoire de la marine française pendant la guerre de l'indépendance américaine*.

son convoi, et engagea la lutte contre toute la flotte ennemie.
Elle'allait naturellement succomber, quand Lamotte-Picquet se
présenta sur le lieu du combat avec trois vaisseaux, les seuls
dont il pût disposer. Encore avait-il fallu embarquer d'ur-
gence les munitions, et composer des équipages avec des
matelots pris sur tous les navires qui se trouvaient dans le
port; car il n'y avait pas une minute à perdre, si l'on voulait
intervenir à temps. Les trois vaisseaux se conduisirent si
vaillamment que l'*Aurore* fut sauvée et que, sur les vingt-six
navires que comptait le convoi, dix seulement tombèrent aux
mains de l'ennemi. Les Français se retirèrent lentement, et
la nuit seule mit fin à ce glorieux combat où quatre vaisseaux avaient lutté contre quatorze.

Lamotte-Picquet rentrant à Fort-Royal fut accueilli par les
créoles de la Martinique avec des transports d'enthousiasme.
Les Anglais eux-mêmes avaient été frappés d'admiration pour
un tel coup d'audace. L'amiral Hyde Parker se fit l'interprète
d'un sentiment unanime chez ses compatriotes dans ces
quelques mots qu'il écrivit à l'officier français : « La conduite que Votre Excellence a tenue dans l'affaire du 18 de ce
mois justifie pleinement la réputation dont vous jouissez
parmi nous, et je vous assure que je n'ai pu sans envie être
témoin de l'habileté que vous avez fait voir en cette occasion.
Nos inimitiés sont passagères et dépendent de nos maîtres,
mais votre mérite a gravé dans mon cœur la plus grande
admiration pour vous. »

CHAPITRE XIII

LA « SURVEILLANTE » ET LE « QUÉBEC »

Jonction des flottes française et espagnole en Europe : d'Orvilliers et don Luis de Cordova, 1779. — Incurie administrative et scorbut. — Ce grand armement ne peut tenir longtemps la mer. — La campagne finit piteusement. — Combat héroïque de la frégate la *Surveillante*, commandant du Couëdic, contre la frégate le *Québec*, commandant Farmer.

Depuis avril 1779, l'Espagne était entrée dans l'alliance franco-américaine. Ni les Français ni les Américains ne tirèrent grand profit, comme on en pourra juger, de cette adjonction. L'Espagne ne pensait qu'à Gibraltar et avait réussi à obtenir de Louis XVI l'engagement de ne pas faire la paix avant que les Espagnols eussent repris ce fameux rocher aux Anglais. Il avait été convenu cependant qu'avant de mettre le siège devant Gibraltar on tenterait une descente en Angleterre : les Français devaient réunir sur les côtes de la Bretagne et de la Normandie une armée de quarante mille hommes, dont le passage serait couvert par les flottes espagnole et française combinées.

D'Orvilliers, qui commandait toujours à Brest, reçut donc l'ordre de quitter ce port et d'aller opérer sa jonction avec les forces navales du roi d'Espagne. Depuis Ouessant le ministère de la marine avait laissé la flotte de Brest dans un dénuement lamentable ; d'Orvilliers ne put sortir qu'en juin, et seulement avec vingt-huit vaisseaux. Un mois se passa avant que l'amiral espagnol, don Luis de Cordova, vînt le joindre avec un nombre égal de bâtiments. Une division de dix navires avait précédé l'escadre principale de l'Espagne, et l'armée navale combinée compta dès lors soixante-six vaisseaux de ligne et quatorze frégates. L'Angleterre n'allait-elle pas trembler devant ce formidable armement? Malheureusement le scorbut ravageait déjà les équipages des deux flottes. On dut débarquer cinq cents malades à la Corogne et au Ferrol, et il en restait encore deux mille à bord. On fit voile vers le Nord, mais lentement, les vaisseaux espagnols étant très mauvais marcheurs.

L'escadre du comte d'Orvilliers avait quitté Brest avec quatre mois de vivres et d'eau. Deux mois étaient déjà écoulés, et c'est à peine si la jonction avec les alliés était effectuée. M. d'Orvilliers, en écrivant au ministre qu'il allait se rendre dans la Manche pour combattre ou éloigner les escadres anglaises et faciliter ainsi le passage de l'armée de terre, rappelait à M. de Sartines que la maladie décimait ses équipages et que sa flotte n'avait plus d'eau que pour quelques semaines.

Le gouvernement français avait réellement préparé une descente en Angleterre. Un corps d'armée était réuni au Havre, un autre à Saint-Malo ; le maréchal de Vaux dirigeait l'expédition ; quatre cents transports devaient emporter les troupes ; on n'attendait plus que l'armée navale combinée. L'entreprise semblait devoir réussir, l'Angleterre n'ayant à opposer aux soixante-six vaisseaux de d'Orvilliers que quarante vaisseaux commandés par l'amiral Hardy.

Le 7 août, la flotte combinée arrivait à Ouessant, où d'Orvilliers comptait ravitailler sa flotte ; mais le ministre n'avait rien envoyé.

A défaut des approvisionnements vainement attendus, l'amiral recevait de M. de Sartines les instructions suivantes :

« Bloquer la flotte anglaise dans le port de Plymouth et aider le corps expéditionnaire français de Saint-Malo et du Havre à débarquer à Falmouth sur la côte de Cornouailles. »

Cette opération impliquait le maintien de l'escadre française à la mer pendant quelques mois. « Or, se hâta d'écrire d'Orvilliers au ministre, après le mois de septembre, la Manche n'offre plus que des coups de vents et point d'abris. Les Anglais qui ont tous leurs ports sous le vent d'ouest et de sud-ouest, peuvent, sans rien hasarder, mettre dehors leurs escadres et leurs flottes. Il n'en est pas de même des forces réunies de la France et de l'Espagne. Si ce grand nombre de vaisseaux est battu par une tempête d'ouest, ils n'ont d'autre ressource que d'enfiler le canal et de faire de l'est. Si le coup de vent est du sud, du sud-sud-ouest et même du sud-ouest, un grand nombre ne pourra doubler la pointe sud de l'Angleterre, d'où il résulte que la marine des deux puissances est très exposée, dans cette mer, pendant l'automne et l'hiver. Le ravitaillement de cette nombreuse armée mérite aussi, monseigneur, votre considération... C'est un grand malheur que la jonction de nos alliés ait été si tardive, et un malheur encore plus grand, le fléau qui désarme nos vaisseaux. C'est encore une contradiction bien désolante que les opérations ne puissent commencer que lorsque l'armée française est à la fin de son eau, et bientôt de ses vivres... »

En dépit de tous les obstacles qu'il prévoyait, d'Orvilliers obéit aux ordres reçus et arriva devant le port de Plymouth, où la flotte anglaise était réfugiée et à l'entrée duquel les frégates de l'armée alliée capturèrent un vaisseau de soixante-quatre canons. Mais un vent d'est très violent vint à souffler pendant quelques jours et la flotte combinée fut rejetée dans l'océan Atlantique. Pouvait-on rentrer dans la Manche? Les approvisionnements s'épuisaient et les bâtiments étaient encombrés de malades. Quelques-uns n'avaient plus même le personnel nécessaire pour les manœuvres. Un grand conseil de guerre fut

tenu à bord de la *Bretagne*, vaisseau amiral, et décida que si
le 8 septembre on n'avait pas été ravitaillé en personnel, en
matériel et en vivres, les deux flottes se sépareraient pour
rentrer, la française à Brest, et l'espagnole à Cadix. La décision avait été prise à l'unanimité, et le procès-verbal porte les
signatures des lieutenants-généraux et chefs d'escadre, comte
de Guichen, Rochechouart, Latouche-Tréville, chevalier de
Ternay, Hector de Monteil et de Beausset, ainsi que des lieutenants-généraux et chefs d'escadre de l'armée espagnole. Le ministre de la marine, se rendant enfin compte de la situation et
n'ayant pas pris les mesures nécessaires pour le ravitaillement
de la flotte en temps opportun, envoya à d'Orvilliers l'ordre
de ramener sa flotte à Brest. Le 14 septembre, les vaisseaux
étaient rentrés au port. Ainsi se termina très peu brillamment cette expédition qui s'était annoncée sous de si favo-
rables auspices, puisqu'on n'avait pas encore pendant cette
guerre réuni sur un même point un nombre aussi considérable de vaisseaux de ligne.

Des approvisionnements insuffisants, un personnel déjà
trop restreint et que le scorbut et la dysenterie affaiblirent au
point de rendre souvent la marche des bâtiments impossible, l'incurie des services administratifs et l'insouciance du
ministre de la marine, voilà ce qui condamna le comte d'Orvilliers à une fatale impuissance, voilà comment aboutit à
un piteux échec le gigantesque effort qui avait rassemblé
un moment dans la Manche plus de quatre-vingts bâtiments de guerre français et espagnols, en vue d'une descente sur les côtes anglaises. L'épidémie avait été dans cette
triste campagne notre plus redoutable ennemi. Dès le mois
d'août, d'Orvilliers avait dû renvoyer huit de ses navires à
Brest ; l'un d'eux avait à bord cinq cent soixante malades, un
second cinq cent vingt-neuf, à peu près tous en avaient de
deux à quatre cents chacun. Or les vaisseaux comme la *Bretagne* et la *Ville-de-Paris*, de cent dix et cent quatre canons,

avaient de mille à onze cents hommes d'équipage, les autres de six à huit cents. Au lieu de vaisseaux de guerre, nous n'avions plus que des hôpitaux flottants !

La rentrée de la flotte à Brest et l'abandon forcé du projet de descente en Angleterre causèrent dans tout le pays une très vive déception ; d'Orvilliers, accueilli froidement et sentant bien qu'on lui reprocherait, encore qu'il eût fait tout son devoir, de n'avoir su triompher ni des éléments ni des fautes de l'administration, présenta sa démission. L'offre fut acceptée avec empressement, car elle permettait de donner une satisfaction quelconque à l'opinion publique ; le vieil officier s'en alla achever ses jours à Moulins, sa ville natale, où il mourut en 1792, âgé de quatre-vingt-deux ans.

Si la plus considérable de nos flottes se vit réduite à l'impuissance en 1779, par suite des faits que nous venons de relater, les rencontres entre frégates et corsaires des deux nations furent au contraire très nombreuses cette même année. Presque toutes se terminèrent à l'avantage des marins français, qui trouvaient dans ces combats isolés, plus aisément que dans la grande guerre d'escadre, des occasions de faire servir à la gloire de leur pays leurs qualités naturelles d'intrépidité brillante et d'incroyable audace. Le plus beau fait d'armes en ce genre fut le sanglant combat livré en octobre 1779 par la frégate française la *Surveillante*, que commandait le lieutenant du Couëdic de Kergoualer, à la frégate anglaise le *Québec*, sous les ordres du brave lieutenant Farmer.

Par une belle mer et un bon vent d'est, les deux bâtiments s'aperçurent au lever du jour à mi-chemin entre les côtes de France et d'Angleterre. Des deux côtés vingt-six canons, des officiers brûlant de se distinguer par quelque éclatant exploit, des équipages d'élite. A onze heures, après force manœuvres, la *Surveillante* commence le feu. Le *Québec* se rapproche ; la mitraille et la mousqueterie entrent en jeu. Farmer se place de façon à envoyer dans la poupe de la *Sur-*

veillante toute la volée d'artillerie du *Québec*. Mais la *Surveil-lante* tourne sur elle-même, et renvoie bordée pour bordée, les canonniers ayant bondi de gauche à droite du bâtiment pour charger à mitraille et tirer. Pendant quatre heures, canons et mousquets font rage, et les deux ponts sont couverts de morts et de blessés. Les bâtiments sont si rapprochés, que les coups sont tirés à bout portant; on se bat d'un bord à l'autre, au pistolet. Du Couëdic a reçu deux blessures à la tête; le visage couvert de sang, noirci de poudre, il ne songe pas à se faire panser; son regard enflammé soutient le courage des matelots survivants. Un enseigne a le bras cassé par un boulet : il se fait amputer et revient sur le pont; un nouveau coup lui enlève trois doigts de la main gauche : alors seulement il se retire.

Tout à coup un cri de joie retentit à bord du *Québec* : un boulet a fait tomber à l'eau le pavillon de la *Surveillante;* le second pilote saisit un autre pavillon, s'élance sur les haubans d'artimon, poursuivi par une grêle de balles, et hisse à la poupe ce lambeau d'étoffe, symbole de la patrie, pour la défense duquel tous ces braves gens sont résolus à mourir.

Une heure se passe encore et voici qu'à peu de minutes d'intervalle les deux navires perdent leurs trois mâts, qui s'écroulent tout d'une pièce; sur la *Surveillante* personne n'est atteint, mais sur le *Québec* la chute de la mâture a écrasé plusieurs matelots. Du Couëdic veut profiter du désordre de l'ennemi et donne le signal de l'abordage. Au même instant il est frappé d'une balle au ventre. « Allons, crie-t-il à ses trois neveux, gardes de la marine qui se tenaient à ses côtés, allons, mes enfants, à l'abordage! soutenez l'honneur de la famille! » Déjà l'équipage se lançait sur le pont ennemi, quand on voit s'élever des sabords une épaisse fumée et des tourbillons de flamme; le *Québec* est en feu.

Du Couëdic conservait assez de forces pour donner encore des ordres; il voulut que son équipage vînt en aide aux mate-

COMBAT DE LA « SURVEILLANTE » ET DU « QUÉBEC ».

lots anglais affolés par l'incendie : il n'y avait plus d'ennemis ;
sur ce pont couvert de débris, se traînaient des infortunés,
presque tous blessés et mutilés, cherchant vainement à fuir
les flammes. Malheureusement tous les canots de la *Surveil-*
lante étaient brisés, et, de plus, il fallait en toute hâte dégager
la frégate et l'éloigner pour qu'elle ne devînt pas à son tour
la proie de l'incendie. Du Couëdic réussit, par une habile
manœuvre, à sauver son bâtiment ; l'équipage fut aidé dans cet
instant critique par ceux des matelots du *Québec* qui étaient
parvenus à gagner à la nage le navire français. Ces braves
marins furent alors témoins d'un horrible spectacle. Sur le
pont qu'ils venaient de quitter, leurs compatriotes, atteints
par le feu, poussaient d'affreux cris de détresse. Farmer de-
bout, bien que deux fois blessé et perdant tout son sang, faisait embarquer dans un canot ceux de ses hommes qui pouvaient encore se mouvoir ; mais le canot, trop chargé, avait à
peine quitté le bord, qu'il coula bas, et tous ceux qu'il portait
périrent. Quarante-trois Anglais seulement purent être sauvés
à l'aide des débris de mâts et de cordages. A travers la fumée
et les flammes qui sortaient des sabords on voyait Farmer
immobile encore à son poste, quand soudain le *Québec* sauta.
Cependant l'incendie avait éclaté à bord de la *Surveillante*,
et le navire, faisant eau de toutes parts, s'enfonçait peu à
peu en brûlant. Tout le monde, Anglais et Français, se mit
à l'œuvre avec une ardeur égale, et le double danger que l'on
courait à la fois par l'eau et par le feu, finit par être conjuré.
Du Couëdic, encourageant tout son monde, remercia les Anglais de leur concours et leur promit qu'ayant fait admirablement leur devoir, et leur frégate ayant péri avec son pavillon
flottant, ils ne seraient point traités comme prisonniers.
Bientôt après, succombant à la fatigue, épuisé par la perte de
son sang, il remit le commandement au seul officier qui fût
encore valide ; puis on l'emporta évanoui dans sa cabine.

La nuit était venue, la frégate fut dirigée vers Ouessant ; à onze heures du soir on rallia deux cotres, un français et un anglais, qui, après s'être vaillamment canonnés, ayant aperçu l'incendie du *Québec*, étaient partis de concert afin de porter du secours et avaient encore recueilli huit hommes du malheureux équipage. La *Surveillante* fit son entrée deux jours plus tard à Brest, remorquée par une centaine d'embarcations françaises et espagnoles, passant au milieu des soixante-dix vaisseaux de ligne, frégates, corvettes et transports réunis dans la rade; elle fut saluée par les vivats enthousiastes de milliers de matelots perchés sur les mâts et dans les vergues. Le brave du Couëdic, nommé immédiatement capitaine de vaisseau, ne put guérir de ses blessures et mourut après trois mois. Le roi tint la promesse faite aux matelots du *Québec* et les fit conduire en Angleterre, sans échange, sur un bâtiment neutre .

1. Le chevalier de Lostanges, officier de la *Surveillante*, a publié en 1817 une relation technique de ce combat. Guérin, dans son *Histoire maritime de la France*, en a tiré un récit très dramatique.

CHAPITRE XIV

DE GUICHEN ET RODNEY

L'amiral Rodney bat les Espagnols et ravitaille Gibraltar. — Aux Antilles, il rencontre un adversaire digne de lui, le comte de Guichen. — Les trois combats des 17 avril, 15 et 19 mai 1780. — La jonction des flottes espagnole et française ne produit pas plus de résultat aux Antilles qu'en Europe.

La rentrée de la flotte française à Brest, en septembre 1779, délivra l'Angleterre des craintes qu'elle avait pu concevoir au sujet des préparatifs du gouvernement français pour une invasion de la Grande-Bretagne. L'armée réunie en Normandie ne tarda pas à se disperser et l'amirauté anglaise put donner de nouveau toute son attention à la défense de ses possessions en Europe et dans les autres parties du monde. Depuis juillet 1779, le gouvernement espagnol avait commencé le blocus de Gibraltar. Il était urgent de ravitailler cette place.

En 1780, dans les premiers jours de janvier, vingt et un vaisseaux sortirent de Portsmouth, commandés par l'amiral Rodney, un des plus habiles officiers de mer que l'amirauté anglaise ait eu la bonne fortune d'employer à cette époque. Rodney se trouvait à Paris au moment où la France se décidait à engager la lutte contre l'Angleterre. Il voulut aller prendre du service dans son pays, mais ses créanciers ne le laissaient point partir. Le vieil esprit chevaleresque n'étant pas encore entièrement perdu, le maréchal de Biron prêta mille louis à Rodney pour que celui-ci pût payer ses dettes et aller combattre la France.

Une division espagnole de neuf vaisseaux, commandée par l'amiral don Juan de Langara, eut la malechance de rencontrer les vingt et un vaisseaux de Rodney, à la hauteur du cap Saint-Vincent, le 16 janvier. L'escadre espagnole, composée de bâtiments lourds et marchant mal, ne put s'échapper. Après un combat qui dura de quatre heures du soir à deux heures du matin, six vaisseaux espagnols étaient pris et le *Santo Domingo* avait sauté. Rodney arriva quelques jours plus tard à Gibraltar et mit la place en état de faire une longue résistance.

L'amiral anglais aurait pu payer cher le succès qu'il venait de remporter. Au moment où il détruisait l'escadre de don Júan de Langara, don Luis de Cordova se trouvait à Cadix avec vingt-quatre vaisseaux, et don Miguel Gaston, parti de Brest le 13 janvier avec vingt-cinq voiles, pouvait à tout instant apparaître au large de Cadix et devant le détroit de Gibraltar. Rodney triomphant risquait de se heurter tout à coup à près de cinquante navires ennemis. Il ne rencontra même pas une voile en quittant Gibraltar et se dirigea aussitôt vers les Antilles.

Si don Miguel Gaston n'avait pas paru au sud du cap Saint-Vincent, c'est que le mauvais temps l'avait forcé de relâcher au Ferrol, avec bon nombre de mâts cassés et de voiles emportées. Les vaisseaux de la marine espagnole étaient en si mauvais état, qu'ils pouvaient à peine tenir la mer, tandis que les bâtiments anglais, solidement construits, solidement gréés, montés par d'excellents équipages et commandés par des officiers instruits et expérimentés, avaient navigué sans avaries. Rodney avait donc eu dans le mauvais temps un très utile allié. La joie causée en Angleterre par ces faciles succès n'en était pas moins fort légitime, et le nom de Rodney fut acclamé quand l'amiral Digby, que le commandant en chef avait détaché de son escadre, rentra au port avec les prises espagnoles et un vaisseau français, le *Protée*, qu'il venait de capturer au retour.

M. de Beausset, un de nos chefs d'escadre, décrivait ainsi les vaisseaux de l'Espagne : « Ils vont tous si mal, qu'ils ne sauraient joindre aucun autre vaisseau de guerre ou lui échapper. Ainsi ils ne peuvent rien prendre et ne sauraient éviter d'être pris. L'escadre de M. de Langara aurait échappé à l'ennemi si elle avait su profiter de la nuit qui allait se faire, de la force du vent, et prendre chasse à propos, et si tout vaisseau espagnol *vu* n'était pas un vaisseau *joint*. »

Tandis que Rodney battait les Espagnols, ravitaillait Gibraltar, puis faisait voile pour l'Amérique, le comte de Guichen, qui avait reçu du gouvernement français la mission d'aller prendre le commandement des îles du Vent aux Antilles, arrivait le 13 mars en vue de la Martinique, et opérait dans la baie de Fort-Royal sa jonction avec la division du comte de Grasse. Il aurait dû trouver également à Fort-Royal une division placée sous les ordres de Lamotte-Picquet. Malheureusement des ordres formels du ministre avaient envoyé celui-ci à Saint-Domingue. S'il avait pu réunir ses forces à celles du comte de Guichen et du comte de Grasse, les évènements que nous allons raconter auraient pris sans doute une meilleure tournure pour notre pays.

Le 16 avril, la flotte du comte de Guichen, ayant à bord trois mille soldats commandés par le marquis de Bouillé, avait pris la mer pour attaquer l'île de la Barbade, la plus importante des possessions anglaises dans ces parages, lorsque, dans le canal qui sépare la Martinique de la Dominique, elle rencontra les escadres combinées de l'amiral Rodney et du contre-amiral Hyde-Parker. L'ennemi avait vingt et un vaisseaux, dont deux de quatre-vingt-dix canons et à trois ponts ; nous avions de notre côté vingt-deux vaisseaux, mais les deux plus forts ne portaient que quatre-vingts bouches à feu.

Le combat, engagé vers une heure de l'après-midi (17 avril), prit fin vers quatre heures, le vent ayant éloigné peu à peu les deux flottes l'une de l'autre. Plusieurs bâtiments anglais avaient subi de fortes avaries; le vaisseau de Rodney, le *Sandwich*, avait été si maltraité, qu'il fut pendant vingt-quatre heures en danger de couler et que l'amiral dut porter son pavillon sur un autre navire.

Le lendemain matin, l'ennemi avait complètement disparu à l'horizon. De Guichen, qui avait obtenu dans cette première journée de combat un assez sérieux avantage, manœuvra pendant plusieurs jours pour atteindre l'escadre anglaise qui se dérobait constamment.

Près d'un mois plus tard, le 15 mai, dans la soirée, les deux flottes se rencontrèrent de nouveau et une canonnade assez vive put être échangée, mais sans résultat décisif.

Enfin, un troisième engagement eut lieu le 19 mai, et cette fois encore le succès resta indécis, bien que plusieurs vaisseaux anglais eussent beaucoup souffert. Les trois combats nous avaient coûté près de cent soixante morts et plus de huit cents blessés. Parmi les morts se trouvait un jeune lieutenant de vaisseau, fils du comte de Guichen.

En fait, nous avions forcé trois fois l'ennemi à reculer devant la puissance de notre artillerie, mais Rodney n'en avait pas moins obtenu ce résultat précieux de nous empêcher d'attaquer une seule des îles anglaises. C'était inutilement que nous avions embarqué les trois mille hommes du marquis de Bouillé.

Au mois de juin, cependant, arrivèrent à la Martinique douze vaisseaux espagnols commandés par l'amiral don Solano, escortant un convoi sur lequel étaient embarqués dix mille soldats. L'occasion était belle pour tenter quelque grande entreprise, les alliés ayant sur l'ennemi, grâce à leur jonction, une supériorité décisive. Mais de Guichen ne put rien obtenir de l'amiral espagnol, qui voulut repartir immédiatement

pour Porto-Rico. Il est vrai que les équipages de nos alliés
étaient décimés par le scorbut et peu en état de combattre.
De Guichen dut même accompagner don Solano, de peur qu'il
ne lui advînt quelque rencontre dont il n'eût pu se tirer seul.
Ainsi aucun résultat ne sortit de la réunion des deux flottes;
de nouveau les commandants n'avaient pu s'entendre; de
nouveau la maladie avait réduit les équipages à l'impuissance.
A Porto-Rico, les escadres se séparèrent, l'espagnole se rendant à la Havane, la française rentrant en Europe.

CHAPITRE XV

LE PILLAGE DE SAINT-EUSTACHE

L'Angleterre déclare la guerre à la Hollande. — Rodney pille l'île hollandaise de Saint-Eustache. — L'Angleterre ne tire aucun profit de cet acte de piraterie : Lamotte-Picquet enlève le convoi qui porte le butin, et le marquis de Bouillé reprend l'île.

L'Angleterre usait sur mer de procédés tellement violents contre les navires de commerce de toutes les puissances de l'Europe, que celles-ci s'émurent à la longue, ce qui amena la formation, sous le nom de Ligue de neutralité armée, d'une alliance entre la Russie, la Suède, la Norvège, le Danemark, la Prusse et la Hollande, pour la défense des droits des neutres et la protection de la propriété privée contre les attentats des belligérants. La Russie étant en état de mettre en ligne un nombre assez considérable de vaisseaux, et pouvant d'ailleurs créer en Europe de sérieux embarras à l'Angleterre, le cabinet de Londres se hâta de protester de ses excellentes intentions, de son respect pour les droits des neutres, et de son attachement pour l'impératrice Catherine II. Mais comme la Hollande n'avait en ce moment ni flotte, ni approvisionnements, ni artillerie, ni aucun moyen sérieux de défense, et que d'autre part ses possessions coloniales offraient une très riche proie aussi facile à saisir que désirable à conserver, l'Angleterre déclara tout simplement la guerre aux États-Généraux réunis à la Haye.

Ordre fut immédiatement expédié à l'amiral Rodney, qui était toujours en Amérique, de s'emparer des îles hollandaises dans les Antilles. Rodney se mit en campagne dès la fin de janvier 1781.

Les Hollandais possédaient dans la mer des Antilles, outre quelques îlots sans grande valeur, l'île de Saint-Eustache, port libre, dont l'importance commerciale s'était accrue depuis le commencement de la guerre entre les Anglais et les Français, à cause des facilités qu'offrait aux négociants la neutralité de son pavillon. A Saint-Eustache se rencontraient les commerçants de toutes les nations; de vastes dépôts de marchandises y avaient été installés. Aucune garnison d'ailleurs ne défendait l'île. Rodney n'eut qu'à paraître devant le port pour s'emparer sans coup férir de deux cents bâtiments de commerce. Il fit également main basse sur tout ce qui se trouvait dans l'île, le déclarant propriété hollandaise, et ne faisant nulle distinction entre la propriété publique et les biens privés. Or il se trouvait là des quantités de marchandises appartenant à des étrangers, même à des Anglais, et renfermées dans des magasins particuliers. Rodney prit tout; c'était un butin valant environ, navires compris, soixante-quinze millions de livres, en monnaie de l'époque. Une partie de ces dépouilles fut vendue à l'encan sous le regard vigilant de l'amiral, tandis que les habitants hollandais, traités avec une extrême brutalité, étaient pour la plupart transportés dans les îles voisines.

C'est ainsi que l'officier anglais qui avait vaillamment tenu tête dans trois combats à de Guichen et qui, l'année suivante, devait remporter la brillante victoire des Saintes, faisait entre temps métier de pirate et déshonorait par des actes de forban le drapeau de son pays, au point que lorsque la nouvelle du pillage de Saint-Eustache, de cet admirable exploit dans le

genre flibustier, parvint à Londres, elle provoqua dans toute
l'Angleterre une véritable explosion d'indignation, et que des
voix éloquentes flétrirent, au sein du parlement, la conduite
de Rodney.

Tout ce qui n'avait pu être vendu aux enchères à Saint-
Eustache fut précieusement expédié en Angleterre sur trente-
quatre bâtiments de commerce. Mais ce convoi ne devait pas
arriver à destination. M. de Castries, qui avait succédé à
M. de Sartines comme ministre de la marine en France, ayant
été averti, conçut le projet de faire enlever cette magnifique
cargaison, et pensa que Lamotte-Picquet, occupé en ce même
moment à surveiller à Brest l'armement d'une petite division,
était l'homme le plus capable d'exécuter brillamment ce coup
d'audace. Sur un ordre reçu du ministère, Lamotte-Picquet
prit la mer le 25 avril avec quelques vaisseaux, aperçut peu
de jours après le fameux convoi, s'empara de vingt-deux bâtiments sur trente-quatre et les ramena triomphalement à
Brest, après que les quatre vaisseaux de l'escorte eurent
réussi, en faisant force de voiles, à se mettre hors de portée.

Six mois plus tard, aux Antilles, eut lieu l'épilogue de cette
affaire de Saint-Eustache dont l'Angleterre ne tira pas plus de
profit que d'honneur. Le marquis de Bouillé, gouverneur des
Antilles françaises, qui, depuis le commencement de la guerre,
avait déjà pris la Dominique, Saint-Vincent et la Grenade,
résolut de reprendre aux Anglais l'île qu'ils avaient si indigne-
ment enlevée aux Hollandais. L'affaire fut conduite avec une
remarquable habileté, et le marquis de Bouillé y fit preuve
de ce sang-froid et de cet esprit de ressources qui le rendaient
si propre à mener à bien ce genre d'expéditions. Douze
cents hommes furent portés à Saint-Eustache par deux frégates,
une corvette et quelques bateaux du pays. On débarque à trois
heures du matin, mais la mer est mauvaise et presque tous
les canots se brisent. Quatre cents hommes restent isolés sur
le rivage, le reste ne pouvant plus descendre des navires.

Bouillé en prend aisément son parti, et s'élance avec sa petite troupe vers la capitale de l'île, située à deux lieues de là. A six heures du matin les Français débouchent sur la place de la ville et surprennent une partie de la garnison faisant l'exercice. On court aux casernes et au fort; tout se rend sans résistance. Le gouverneur rentrait à cheval d'une promenade matinale; il dut remettre son épée. C'est ainsi que quatre cents hommes en firent prisonniers sept cents et que l'île de Saint-Eustache fut ravie aux Anglais.

TROISIÈME PARTIE

1781-1782

YORKTOWN — LES SAINTES

CHAPITRE XVI

ROCHAMBEAU EN AMÉRIQUE. — LE COMTE DE GRASSE

Une petite armée française arrive en Amérique, juillet 1780. — Le chevalier de Ternay et Rochambeau. — Séjour à Newport. — Le comte de Grasse. — Son départ de Brest, mars 1781. — Aux Antilles il rencontre l'amiral Hood et le bat, 29 avril 1781. — De Grasse et le marquis de Bouillé prennent Tabago, mai 1781.

Les Américains avaient éprouvé une vive déception en apprenant que le comte de Guichen, au lieu de venir tenter quelque entreprise sur leurs côtes, avait fait voile directement des Antilles pour l'Europe. Ils ne pouvaient cependant pas accuser le gouvernement de Louis XVI de les négliger. De Guichen, en effet, n'avait pas encore quitté Saint-Domingue, qu'une escadre française jetait l'ancre (12 juillet 1780) devant la ville de Newport, évacuée l'année précédente par les Anglais, et débarquait dans l'île un corps expéditionnaire qui devait faire campagne en Amérique avec l'armée de Washington.

C'est au chevalier de Ternay, chef d'escadre, qu'avait été confiée la mission de conduire la petite armée française en Amérique. Il partit de Brest le 2 mai avec sept vaisseaux, dont un de quatre-vingts canons, deux de soixante-quatorze, deux frégates et trente navires de transport. Les bâtiments de l'escadre et du convoi portaient six mille hommes, commandés par le lieutenant-général comte de Rochambeau. Les Anglais, avertis des préparatifs que faisait le gouvernement français, s'étaient hâtés d'armer une flotte spécialement chargée, sous le commandement de l'amiral Graves, de poursuivre de Ternay. Celui-ci put cependant gagner le large sans être vu. Retenu durant quelques jours dans le golfe de Gascogne par un coup de vent, il atteignit les Bermudes le 20 juin, heurta en route une division ennemie commandée par le commodore Cornwallis, échangea avec elle quelques coups de canon, mais renonça à la poursuivre, ne voulant pas compromettre la sécurité de son convoi; le 12 juillet il arrivait à Newport.

La traversée avait été très pénible pour le corps expéditionnaire; le nombre des malades dépassait le tiers de l'effectif. Si les Anglais avaient agi avec résolution et envoyé immédiatement dans Rhode-Island une partie des régiments qu'ils avaient à New-York, ils auraient pu, par une attaque vigoureuse opérée quelques jours après le débarquement, détruire d'un coup l'escadre et les troupes de terre. Mais les amiraux Graves et Arbuthnot ne purent se mettre d'accord, et, d'autre part, une démonstration de Washington devant New-York décida Clinton à ne pas dégarnir cette place.

Lorsque, en septembre, l'amiral Rodney, qui des Antilles était venu faire un tour sur les côtes d'Amérique, parut devant Newport avec vingt et un vaisseaux, le temps avait été mis à profit par les Français; les malades s'étaient rétablis;

le corps expéditionnaire avait repris une bonne allure; les côtes de l'île et les passes de la rade avaient été hérissées de batteries armées de pièces de gros calibre; l'escadre bien abritée était prête à recevoir dignement l'ennemi : Rodney, suffisamment édifié, se retira.

A partir de ce moment, nos troupes n'avaient plus couru aucun péril. Mais le comte de Rochambeau ne voyant pas arriver de France les renforts qui devaient suivre le corps principal, et l'hiver ayant suspendu les opérations actives sur terre, nos régiments avaient dû se résigner à l'immobilité tandis que notre escadre, trop faible pour tenir la mer contr les forces navales anglaises, n'avait plus quitté sa ligne d'embossage devant Newport.

Cette inaction, heureusement, ne devait pas être de longue durée. Le gouvernement français avait résolu de faire plus encore que de prêter quelques milliers de soldats au général Washington. Il préparait en effet à Brest, dans les premiers mois de 1781, le départ d'une flotte qui devait tenter pour la troisième fois, sur les côtes d'Amérique, cette coopération des forces navales françaises avec les troupes de terre américaines, qui avait été l'objectif constant des deux nations alliées et que les évènements avaient depuis deux ans rendue impraticable. Cette flotte était placée sous les ordres du comte de Grasse.

Né en 1723, en Provence, cet officier avait cinquante-huit ans quand il partit de Brest pour les Antilles. Capitaine de vaisseau depuis 1762, il avait été fait chef d'escadre après le combat d'Ouessant; c'est en cette qualité qu'il avait pris part sous d'Estaing à la bataille de la Grenade, le 6 juillet 1778, et sous de Guichen aux trois combats livrés dans les mêmes parages à l'amiral Rodney, les 17 avril, 15 et 19 mai 1780. Comme d'Estaing, comme de Suffren, comme tous nos officiers de mer, il avait pour principale qualité une admirable intrépidité, une bravoure à toute épreuve. Ses marins disaient de lui, faisant allusion à sa haute taille : « M. l'amiral de Grasse a six pieds; mais il a six pieds un pouce les jours de bataille. »

Le comte de Grasse partait cette fois comme lieutenant-général, investi du commandement en chef dans les Indes occidentales. Il avait pour mission expresse, après qu'il aurait pourvu au ravitaillement et à la sécurité de nos possessions dans les Antilles, de s'entendre avec Washington et le comte de Rochambeau pour l'exécution de quelque opération combinée dont le succès éclatant pût faire tomber les armes des mains des Anglais, consacrer l'indépendance des États-Unis, justifier les énormes dépenses et les cruels sacrifices que la France avait déjà faits pour la cause américaine.

Quelques jours après que le comte de Grasse eut quitté Brest, le 22 mars 1781, une frégate se sépara de la flotte pour se diriger en droite ligne vers Rhode-Island. Elle avait à son bord un chef d'escadre, M. de Barras, qui allait prendre, comme commandant de la division française mouillée à Newport, la succession de M. de Ternay, mort dans les derniers mois de 1780. Quelques jours après, un vaisseau portant six cents hommes de renfort pour la petite armée de Rochambeau se détacha également de la flotte.

De Grasse arriva le 5 avril avec vingt vaisseaux à la Martinique. La traversée avait été rapide; l'amiral, comprenant le prix du temps, avait, pour aller plus vite, fait remorquer par ses vaisseaux les bâtiments les plus mauvais marcheurs de son convoi. Il trouva la baie de Fort-Royal bloquée par l'escadre anglaise de l'amiral Hood, forte de dix-neuf vaisseaux. Il fit entrer son convoi dans la rade et ordonna aux bâtiments qui se trouvaient en station dans le port de le venir rejoindre. Il eut alors vingt-huit voiles, ce qui lui assurait une grande supériorité numérique sur l'ennemi. Peut-être, avec un peu plus de résolution, et s'il se fût moins exclusivement préoccupé de la sûreté du convoi qu'il amenait d'Europe, eût-il pu, dans la

SAINT-PIERRE DE LA MARTINIQUE.

journée du 29 avril, où toutes ses forces se trouvèrent réunies, remporter une brillante victoire; il se contenta ce jour-là de canonner vigoureusement quelques-uns des navires ennemis, tout en prenant ses mesures pour le lendemain en vue d'une attaque décisive. Mais Hood avait vu le danger et toute sa flotte fuyait à pleines voiles dès le point du jour. Plusieurs de ses bâtiments avaient été fort endommagés par la canonnade de la veille, et auraient été capturés, s'ils n'avaient eu, étant doublés en cuivre, une marche bien supérieure à celle des Français. « Je vis avec douleur, écrivit de Grasse au ministre, qu'il n'était que trop vrai que la marche des Anglais était bien supérieure à la nôtre. Il n'y avait plus avec moi que onze vaisseaux qui étaient à portée de joindre; les autres, couverts de voiles, étaient excessivement de l'arrière. Quelques-uns même étaient hors de vue. »

Le mois de mai 1781 fut consacré à la conquête de l'île de Tabago.

Le marquis de Bouillé commandait encore là les troupes de débarquement. Il n'eut pas de peine à s'emparer de la petite ville de Scarborough, capitale de l'île, tandis que le gouverneur, général Fergusson, s'était retiré avec ses troupes de milice et quelques centaines de nègres sur un point fortifié à l'extrémité de l'île. Plus de douze cents hommes allaient l'attaquer. Fergusson, le plus entêté et le plus fier de tous les Écossais, comme l'appelait le marquis de Bouillé, était décidé à se défendre jusqu'au bout. Mais ses miliciens et ses nègres, dénués de tout, affaiblis par la faim et par la chaleur, ne voulurent pas combattre et obligèrent leur chef à mettre bas les armes. « Les milices, écrivit M. de Bouillé au ministre, contraignirent le général Fergusson à me demander une capitulation qu'elles laissèrent à ma disposition, en me faisant dire qu'elles s'en rapportaient à mon honnêteté et à ma générosité; je leur en ai accordé une très bonne, que je vous envoie. La manière patriotique avec laquelle ces habitants se sont con-

duits, qui ont même sacrifié leurs propriétés à l'évènement
de la guerre, m'a inspiré beaucoup d'estime et mérite des
égards. »

Après avoir mis une garnison à Tabago et s'être assuré que
la Grenade et Saint-Vincent étaient en bon état de défense, et
nos autres îles bien approvisionnées, le comte de Grasse,
ayant achevé sa mission dans les Antilles, quitta la Martinique
le 5 juillet avec vingt-trois vaisseaux pour se rendre à Saint-
Domingue, où il allait trouver certainement des lettres du général Washington, du marquis de La Fayette et du comte de
Rochambeau concernant le plan de campagne à exécuter à
l'automne sur les côtes de l'Amérique du Nord. L'exécution
de ce plan de campagne était déjà commencée par Washington;
l'escadre française de Newport avait combattu ; l'armée du
comte de Rochambeau faisait sa jonction avec les troupes américaines; tout se préparait pour les opérations décisives qui
devaient aboutir, au mois d'octobre suivant, au grand succès
de Yorktown. Mais, pour que ces opérations soient bien com-
prises, il nous faut un moment interrompre le cours de notre
récit et exposer, dans un rapide résumé, en quel état se trouvaient au printemps de 1781, c'est-à-dire après déjà six années
de guerre, les affaires militaires de la jeune nation américaine.

CHAPITRE XVII

WASHINGTON. — SIX ANNÉES DE GUERRE

Anglais et Américains, de 1775 à 1780. — Washington. — Succès et revers. — Quatre hivers terribles. — Détresse de l'armée américaine. — La trahison d'Arnold.

Investi en 1775 par le congrès de Philadelphie du commandement en chef de l'armée américaine qui se formait autour de Boston, le général Washington avait repris cette ville aux Anglais au commencement de 1776. Mais il perdit à son tour, après une série de défaites, la ville de New-York, qui resta aux Anglais jusqu'à la fin de la guerre, puis la province de New-Jersey. Le beau combat de Trenton, le jour de Noël de cette même année, rendit cette province aux Colonies-Unies (janvier 1777), et permit au général américain de procéder à un commencement d'organisation de ses forces militaires.

Les Anglais ne tardèrent pas à reprendre une vigoureuse offensive ; dès le mois d'octobre ils occupaient Philadelphie, siège du congrès, après avoir battu Washington à la Brandywine et à Germantown.

Si, dans ce même mois, le général anglais Burgoyne, qui s'était assez imprudemment engagé du Canada dans la région des lacs Champlain et George et du fleuve Hudson, n'avait été contraint, grâce à une rapide concentration des milices de

New-York et de la Nouvelle-Angleterre, à déposer les armes
avec toute son armée à Saratoga, c'en était fait probable-
ment de la république naissante, en dépit du patriotisme de
ses principaux citoyens et de la persévérante énergie de son
commandant en chef.

Mais la victoire de Saratoga, mettant un terme aux hésitations du gouvernement français, décida la conclusion (février
1778) de cette alliance à laquelle les États-Unis allaient devoir bientôt leur indépendance.

Cependant l'armée de Washington avait passé un bien
triste hiver de 1777 à 1778 dans son camp glacé de Valley-
Forge, à quelques lieues de Philadelphie, où les troupes anglaises, bien abritées, confortablement installées, oubliaient
les maux de la guerre. Dans la ville, les Anglais payaient
toutes leurs dépenses en bonnes espèces sonnantes ; au camp,
Washington ne pouvait donner en échange du peu de vivres
que la contrée remplie de partisans de la domination britannique lui disputait avec âpreté, qu'un papier-monnaie discré-
dité, n'ayant plus cours. A Philadelphie, le général Howe donnait des fêtes brillantes ; les officiers passaient gaiement la
mauvaise saison en bals, soupers, représentations théâtrales,
au grand scandale de la population quaker de la ville. A Valley-Forge, on mourait de faim et de froid : chaussures, vêtements, viande, tout manquait ; les troupes, quelques milliers
d'hommes, vivaient de maraude, et Washington était obligé
de fermer les yeux, tout en écrivant au congrès qu'un tel
régime ruinait la discipline. Les soldats, hâves, déguenillés,
marchaient nu-pieds dans la boue et la neige. Des fièvres
putrides enlevèrent des compagnies entières. Comment
Washington, dans de telles conditions, put-il conserver encore autour de lui, jusqu'au printemps de 1778, l'ombre d'une
armée? on peut à peine le concevoir. Les miracles de patience
ingénieuse, d'opiniâtreté patriotique, accomplis en ces quelques mois, doivent être comptés à ce héros, qui se montra si

grand dans l'infortune, pour bien plus qu'à d'autres les plus
éclatantes victoires et les plus étonnantes combinaisons de
tactique militaire.

Cette indomptable ténacité fut enfin récompensée. Washington apprit en mai 1778 que la France était résolue à venir
en aide à l'Amérique ; quelques mois plus tard, la seule
approche de la flotte du comte d'Estaing eut pour résultat
l'évacuation de Philadelphie par Howe. Washington suivit
pas à pas les Anglais dans leur retraite à travers l'État de
Jersey, les malmena rudement à Monmouth et, quand ils
furent rentrés à New-York, vint s'établir sur le fleuve Hudson,
au débouché de la région des Highlands; le congrès put de
nouveau délibérer à Philadelphie.

Puis les choses en restèrent là et les deux armées s'obser-
vèrent. Clinton enfermé dans New-York écrivait à Londres
qu'il ne pouvait rien faire si on ne lui envoyait de nouvelles
troupes. D'autre part, l'absence d'un gouvernement fort, capable d'unir les treize États de l'Amérique en une confédération énergique, rendait stériles les aspirations de la nation et
les efforts de Washington, en ne permettant pas que celui-ci
pût disposer de forces régulières et suffisamment nombreuses.
A Middlebrook (État de New-Jersey) les soldats étaient mieux
vêtus et un peu mieux nourris qu'à Valley-Forge, grâce aux
approvisionnements reçus de France ; mais l'armée fondait,
pour ainsi dire, dans les mains de son général, par suite des
désertions et parce qu'aucun pouvoir effectif n'appartenait au
Congrès pour forcer les colonies à obéir à toute résolution
prise par cette assemblée ; en sorte que chaque État restait
maître de ne contribuer que dans la proportion où il le
voulait bien, en hommes et en argent, à la défense de la
cause commune.

L'année 1779 fut très pauvre en événements. Le Congrès
avait décidé que, vu l'extrême pénurie des ressources, l'armée
se tiendrait sur la défensive. Washington se contenta donc de

fortifier ses lignes sur le fleuve Hudson et de s'établir solidement à West-Point.

Les secours de la France se faisaient attendre. D'Estaing,
qui n'avait pu reprendre Newport avec Sullivan en 1778, ne
put s'emparer de Savannah avec Lincoln en 1779. La nouvelle
de ce dernier échec parvint à Washington en novembre et lui
enleva tout espoir d'une coopération de la flotte française
pour une attaque sur New-York.

L'hiver de 1779 à 1780 fut plus rude pour l'armée et pour
son chef que les précédents. Une certaine disposition s'accen-
tuait chez bon nombre d'Américains à se désintéresser de
leur propre cause et à s'en remettre à leurs alliés du soin de
leur conquérir l'indépendance. Depuis que l'Espagne s'était
jointe à la France, il paraissait aux miliciens de New-York et
de la Nouvelle-Angleterre qu'ils n'avaient plus besoin de se
donner la moindre peine et que la France et l'Espagne vien-
draient bien seules à bout de l'Angleterre. La Confédération
était d'ailleurs virtuellement en faillite; le papier-monnaie
ne valait plus rien; une paire de bottes coûtait six cents dol-
lars de la monnaie nationale. En janvier 1780, le camp de
West-Point n'eut ni pain ni viande pendant plus de quinze
jours. Il fallut de nouveau recourir à la maraude. Les officiers
menacèrent de se retirer en masse si les provisions n'arrivaient
pas plus régulièrement. On devait aux troupes cinq mois de
solde; jamais le mécontentement de l'armée n'avait atteint
un degré aussi alarmant. En juin 1780, Washington avait à
peine trois mille cinq cents hommes autour de lui, le sque-
lette d'une armée.

La Fayette était reparti pour la France en janvier de l'année
précédente. Il représenta au roi et à ses ministres le découragement croissant des Américains et la nécessité de leur envoyer des secours effectifs en hommes et en argent. C'est en
partie sur les instances pressantes et réitérées de ce jeune
marquis français, major dans l'armée américaine et aide

de camp du général Washington, que le gouvernement de Louis XVI prit la décision d'envoyer un corps d'armée au delà de l'Atlantique. En mai 1780, La Fayette rapporta la bonne nouvelle à son général et, quelques semaines plus tard, M. de Ternay et le comte de Rochambeau, l'escadre et le

LA FAYETTE.

corps expéditionnaire arrivaient dans la rade de Rhode-Island.

Nos lecteurs savent le reste : pendant la fin de l'année 1780, la division de Rochambeau et l'escadre française furent à peu près bloquées dans Newport, comme la seconde division qui devait suivre la première se trouvait encore bloquée à Brest.

Quant au comte de Guichen, qui aurait pu paraître en août au large de la baie de Chesapeake ou de Sandy-Hook ou de Newport, il était rentré de Saint-Domingue en Europe. Un nouvel hiver, le troisième depuis les misères devenues légendaires de Valley-Forge, devait encore s'écouler avant que Washington et les alliés de l'Amérique pussent tenter quelque entreprise sérieuse. La lutte sombre, sans gloire, contre la faim, le froid, les privations de toutes sortes, les murmures des soldats, le mécontentement des officiers, la désertion, l'indiscipline, allait recommencer. Une fois de plus allait se poser ce problème : conserver même l'ombre d'une armée, alors que vivres, vêtements, solde, abris, tout fait défaut, alors que la faiblesse de l'effectif impose, comme une inexorable nécessité, l'inaction, qui est de tous les dissolvants d'une armée le plus rapide et le plus puissant.

Au commencement de cet hiver se produisit un triste incident, resté fameux dans les annales de la guerre de l'Indépendance. Arnold, un des généraux les plus brillants de l'Union, trahit en septembre 1780 la cause qu'il avait défendue pendant cinq ans, pour laquelle il avait versé son sang. Peu s'en fallut qu'il ne réussît à livrer Washington et sa faible armée au général anglais qui commandait à New-York.

L'armée américaine ne comptait pas un soldat plus brave que le général Bénédict Arnold, le héros de la campagne du Canada au début de la guerre, et l'un des vainqueurs de Saratoga.

C'était malheureusement un esprit inquiet, envieux, une âme sans grandeur et sans noblesse, incapable d'éprouver un sentiment pur et désintéressé. Combien il différait de Washington, qui pourtant faisait grand cas de lui, le jugeant avec la bienveillance d'une âme d'élite qui ne peut se résoudre à croire une autre âme humaine accessible à certaines dépravations. Washington palliait ses fautes, et même après qu'une cour martiale eut convaincu Arnold d'actes

entachant son intégrité, il lui avait confié le commandement
de la forteresse de West-Point, espérant qu'il chercherait
à se réhabiliter aux yeux de ses concitoyens par de nouveaux
services. Mais Arnold ne fut pas touché des ménagements
délicats avec lesquels Washington lui avait reproché ses
écarts de conduite. Le cœur ulcéré de l'humiliation qui lui
avait été infligée par la décision de la cour martiale, il se
plaignait en termes de plus en plus amers de la préférence
donnée à d'autres généraux plus jeunes ou qu'il croyait ne
le point valoir. De plus, ses dépenses excessives, son faste
extravagant l'avaient engagé dans d'inextricables difficultés
pécuniaires.

Ne sachant comment en sortir et n'ayant jamais connu que
de nom le sentiment du patriotisme non plus que celui de la
fidélité au drapeau, il finit par se mettre à la solde du général
Clinton, commandant en chef de l'armée de New-York. En
septembre 1780, pendant que Washington se rendait avec
La Fayette dans le Connecticut pour avoir à Hartford sa première entrevue avec le comte de Rochambeau et l'amiral de
Ternay, Arnold promit à Clinton de lui livrer West-Point. Pour
quelques milliers de livres sterling et le grade de brigadier-
général dans l'armée anglaise, cet homme s'engageait à
étouffer traîtreusement dans son berceau la nationalité
américaine.

Le complot fut découvert à temps. Mais Arnold put fuir en
toute hâte deux heures avant le retour de Washington à West-
Point. Lorsqu'il arriva à New-York, déconfit, et n'apportant
à l'Angleterre que sa valeur personnelle, bien compromise,
et son épée déshonorée, il ne put s'attendre à un accueil bien
chaleureux, n'ayant pas exécuté sa part du contrat. Clinton
toutefois, fidèle à sa parole, l'introduisit dans son état-major;
mais les officiers de l'armée anglaise s'éloignaient du parjure
avec dégoût; nul ne voulait servir sous ses ordres; nul ne se
souciait de l'avoir pour subordonné. Il resta isolé, flétri de

l'appellation du traître Arnold. Pour l'occuper, Clinton dut le placer à la tête d'un corps de tories et de déserteurs américains; puis il l'expédia sur la côte virginienne, en lui confiant la triste mission de tout mettre à feu et à sang dans la province qui avait vu naître Washington.

CHAPITRE XVIII

COMBAT NAVAL DU 16 MARS 1781 SUR LA CÔTE AMÉRICAINE

La guerre dans la Virginie. — Première expédition de l'escadre de Newport,
janvier 1781. — Seconde expédition plus importante. — Combat du 16 mars
1781 ; Destouches contre Arbuthnot. — L'escadre revient à Newport. —
Remerciements adressés par le Congrès à Destouches.

La Virginie était à peu près complètement dégarnie de
troupes. Arnold put la ravager fort à son aise et brûler Rich-
mond, pauvre village sur le James River, érigé depuis un
an à la dignité de capitale de l'État et de siège de la législa-
ture virginienne. Son œuvre de destruction accomplie, Arnold
redescendit la rivière et vint s'établir (20 janvier 1781) à
Portsmouth, poste fortifié au fond d'une anse qui s'ouvre sur
la rive droite du James, au point où cette rivière se jette dans
la baie de Chesapeake. Le danger, un instant conjuré, pouvait
renaître plus terrible ; c'est alors que Jefferson, gouverneur de
la Virginie, pria Washington d'obtenir du commandant en
chef des forces françaises à Newport l'envoi de quelques vais
seaux et frégates dans la baie de Chesapeake.

Précisément, le 22 janvier, un coup de vent très violent
venait de disperser l'escadre de l'amiral anglais Arbuthnot et
de désemparer quelques-uns de ses bâtiments. Le capitaine

de vaisseau Destouches, qui avait pris, à titre provisoire, le commandement de la division navale française après la mort de M. de Ternay, saisit cette occasion favorable et fit sortir de la rade, en les dirigeant sur les côtes de la Virginie, trois bâtiments, dont un vaisseau de ligne. Le commandant de cette petite division, arrivé sans encombre dans la baie de Chesapeake, reconnut bientôt qu'il ne pouvait rien contre Arnold, ses navires ayant un trop grand tirant d'eau pour remonter la rivière Elisabeth et atteindre Portsmouth. Il revint donc à Newport, après avoir capturé un vaisseau de quarante-quatre canons, deux bâtiments plus petits et quelques transports.

Washington proposa alors au comte de Rochambeau une opération plus importante : « Obtenez, je vous prie, de M. Destouches qu'il envoie dix vaisseaux; embarquez sur cette escadre un millier d'hommes avec de l'artillerie. De mon côté, je fais partir un détachement de douze cents hommes. Si nous pouvions détruire le corps que commande Arnold, ce serait peut-être le salut des États du Sud. » M. de Rochambeau ayant acquiescé à cette proposition, Washington se hâta de partir pour Newport, où il arriva le 6 mars. Les troupes étaient déjà embarquées, et la flotte prête à mettre à la voile. Lorsque le général américain redescendit à terre après son entrevue avec Destouches et Rochambeau, il fut charmé de constater partout la bonne entente établie entre les gens de Rhode-Island et les troupes françaises de terre et de mer : l'alliance des deux nations allait commencer à porter ses fruits et ne pouvait manquer de se changer en une amitié durable.

Le 8 mars l'escadre quittait la rade avec un bon vent. L'entreprise était périlleuse, car quelques-uns de nos bâtiments étaient mauvais marcheurs et le succès dépendait de l'avance que Destouches aurait pu prendre sur Arbuthnot. Celui-ci commença le 10 seulement à poursuivre son ennemi, et put cependant l'atteindre le 16. L'escadre anglaise était sensiblement plus forte que la nôtre : nous avions plus d'hommes, mais les Anglais plus de canons. Le combat fut très honorablement soutenu de part et d'autre, et la victoire resta indécise.

Toute la nuit qui suivit, notre escadre se tint en panne, feux allumés, maîtresse du champ de bataille. Le lendemain matin, les vaisseaux anglais disparaissaient à l'horizon, entrant dans la baie de Chesapeake. Un conseil de guerre, tenu à bord du vaisseau amiral, le *Duc de Bourgogne*, décida que, vu l'état dans lequel la lutte de la veille avait mis quelques-uns des bâtiments, l'escadre ne pouvait tenter de pénétrer dans la baie. Destouches reprit la route de Rhode-Island.

En fait, l'entreprise avait échoué, les Anglais ayant obtenu ce qu'ils voulaient en nous fermant la baie et en sauvant Arnold. La principale cause de notre insuccès avait été la lenteur de la traversée, nos vaisseaux n'étant pas doublés en cuivre.

« Je puis vous dire, monseigneur, écrivit Destouches au ministre, que j'aurais primé les Anglais dans la Chesapeake, si les quatre vaisseaux de mon escadre, qui ne sont pas doublés en cuivre, n'étaient pas, faute de marche, restés plusieurs lieues en arrière et sous le vent. »

Nos marins s'étaient fort bravement conduits; nous avions eu soixante-douze tués et cent douze blessés, et Destouches, qui ne commandait que provisoirement, étant le plus ancien capitaine de vaisseau, avait trouvé chez ses camarades le concours le plus dévoué. Sans doute il était fort regrettable que cette troisième opération, combinée avec une force de terre américaine, n'eût pas mieux réussi que les deux précédentes (Newport et Savannah), mais le combat du 16 mars 1781 eut cependant cet heureux résultat de porter une première atteinte sur les côtes des États-Unis au prestige que les succès de la guerre de Sept Ans avaient donné, dans les eaux de l'Amérique du Nord, au pavillon de la Grande-Bretagne. Les

Américains eurent la preuve que nous pouvions tenir tête
sur mer, avec des forces même un peu inférieures, à la première puissance navale du monde entier.

Le Congrès comprit que ce combat indécis, le premier livré
en face du rivage américain, était d'un bon augure pour
l'issue des opérations qui pourraient être ultérieurement
engagées. Le 5 avril il adopta une résolution portant que le
président de l'Assemblée transmettrait les remerciements des
États-Unis au comte de Rochambeau et au chevalier Destouches, ainsi qu'aux officiers et équipages des vaisseaux sous
le commandement de celui-ci. « Le combat opiniâtre, dit
cette résolution, si avantageusement et si courageusement
soutenu le 16 mars dernier, à la hauteur des caps de la
baie de Chesapeake, contre une escadre anglaise supérieure, fait honneur aux armes de Sa Majesté Très Chrétienne,
et est un heureux présage d'avantages décisifs pour les États-
Unis. » Le gouvernement anglais prouva également, par
le rappel d'Arbuthnot, qu'il ne considérait pas comme un
échec pour les armes françaises le combat naval du 16 mars.
A Paris seulement, l'affaire fut jugée avec défaveur, et ce
n'est que trois ans plus tard que Destouches fut nommé chef
d'escadre. Quelque temps après cependant, M. de Barras
(oncle du fameux conventionnel), qui vint, comme chef d'escadre, prendre en main le commandement de la division navale de Newport, écrivit au ministre : « Monseigneur, j'ai vu
avec peine qu'on n'a pas attaché en France au combat de
M. Destouches tout le mérite qu'il a réellement et qu'on lui a
justement attribué en Angleterre. Si on le compare cependant
aux sept grandes batailles navales de cette guerre, on verra
qu'il n'y en a aucune où nos escadres aient combattu avec
des forces aussi inférieures que l'a fait M. Destouches. La
hardiesse qu'a eue ce commandant de mettre en ligne le
Romulus, dont il venait de s'emparer sur les ennemis, et la
fermeté de l'officier qui a tenu ce poste périlleux, ont pu

rendre la ligne française égale en nombre à celle des Anglais, mais elles n'ont pas fait que les forces fussent réellement égales, et un simple coup d'œil sur la liste des deux
escadres suffit pour voir combien les ennemis avaient d'avantages. »

CHAPITRE XIX

La grande opération combinée entre de Grasse, Washington et Rochambeau. — Comment le bon vouloir et le zèle de tous assurent le succès. — Conférence de Weathersfield, mai 1781. — Le plan de campagne y est arrêté. — Les armées française et américaine réunies se mettent en marche vers le sud. — Cornwallis se fortifie à Yorktown.

L'État de Virginie semblait, à la suite du combat naval du 16 mars, exposé plus que jamais à retomber sous la domination anglaise. Tandis que, de New-York, sir Henry Clinton envoyait le général Phillips avec deux mille hommes prendre le commandement des troupes campées à Portsmouth, le général Cornwallis, qui opérait dans les États du Sud et venait de battre un lieutenant de Washington, le général Greene, songeait plus que jamais à réaliser son projet d'invasion de la Virginie par la Caroline du Nord. Cet État de Virginie attirait les regards des généraux anglais ; il leur semblait qu'il n'avait pas encore assez souffert des maux de la guerre et qu'en le frappant avec violence on frapperait au cœur la rébellion. C'est ainsi que de divers côtés, du Nord comme du Sud, se dirigeaient vers les presqu'îles virginiennes qu'arrosent les flots de la baie de Chesapeake, les régiments britanniques, dont la capture à Yorktown allait avant peu terminer la guerre d'Amérique.

C'est la présence d'une flotte française qui devait assurer le triomphe si longtemps attendu, si obstinément préparé par Washington. Une quatrième tentative de coopération des forces navales de la France et des troupes de terre des deux nations allait être plus heureuse que les précédentes et aboutir à un éclatant désastre pour la cause britannique.

Le 10 mai 1781, le vaisseau français la *Concorde* entrait dans la rade de Newport, ayant à son bord M. de Barras, chef d'escadre, successeur de M. de Ternay au commandement de la flotte de Rhode-Island. La *Concorde* apportait des lettres fort importantes, et tout d'abord un avis du ministre de la marine informant le commandant du corps expéditionnaire français en Amérique du départ de Brest, le 22 mars 1781, d'une flotte nombreuse commandée par le comte de Grasse. Celui-ci se rendait aux Antilles. Mais il ferait voile en juillet vers les côtes de l'Amérique du Nord. Le ministre invitait, en conséquence, M. de Rochambeau à s'entendre avec le général Washington, au sujet d'un plan d'opérations pour l'exécution duquel on serait assuré du concours de la flotte. Le comte de Grasse, d'autre part, faisait savoir à Rochambeau qu'il se tiendrait prêt à coopérer à toute entreprise que les armées alliées pourraient concerter. Enfin il était convenu entre le comte de Grasse et M. de Barras que celui-ci lui enverrait à Saint-Domingue des avisos porteurs des dépêches de Rochambeau et de Washington.

Au reçu des dépêches de la cour de France, Rochambeau se hâta de demander une entrevue à Washington. Les deux généraux se rencontrèrent le 22 mai à Weathersfield (État de Connecticut). Il fut convenu que l'armée française se mettrait en marche dans le plus bref délai possible pour opérer sa jonction, sur les rives du fleuve Hudson, avec les forces américaines. Là, selon que les circonstances en décideraient, on attaquerait New-York, ou l'on partirait pour le Sud. Dans l'un et l'autre cas, le comte de Grasse assurerait le concours de sa flotte aux opérations des armées alliées. La cour de France, pour éviter toute difficulté dans le commandement, n'avait pas hésité, tant le caractère de Washington lui inspirait de confiance, à placer ses propres troupes de terre et de mer, comme auxiliaires, sous les ordres directs du général américain.

Au mois de juin, le comte de Rochambeau vit les forces placées sous son commandement s'augmenter de quinze cents hommes, en même temps que la flotte de M. de Barras comptait quelques bâtiments de plus. Toutes les troupes de terre se mirent en mouvement pour gagner le fleuve Hudson. « Sur leur ligne de marche, dit l'historien Bancroft, les habitants du pays (Rhode-Island, Connecticut et New-York) accouraient au passage, heureux d'acclamer les alliés, les défenseurs de la cause américaine, se mêlant dans les campements aux officiers et aux soldats, écoutant avec transport les sons de la musique militaire. »

L'armée française arriva le 6 juillet à Dobbs-Ferry sur l'Hudson, où campaient déjà les Américains. « C'était, dit un historien de l'État de New-York, un délicieux pays pour un campement d'été ; les tentes étaient établies sur une rangée de collines gracieuses, couvertes d'ombrages, séparées par de charmantes vallées où coulaient de frais ruisseaux. Les officiers français, jeunes pour la plupart et qui trouvaient à cette campagne une sorte de charme romanesque, décoraient leurs tentes de guirlandes de fleurs et les entouraient de jardins. Ils éprouvaient pour Washington une admiration enthousiaste. Un jour que sa visite était annoncée, ils étalèrent sur toutes leurs tables, en son honneur, des plans de la bataille de Trenton, du combat de West-Point, et d'autres rencontres où ses armes avaient été victorieuses. L'harmonie la plus parfaite régnait entre les deux armées. De joyeux banquets réunissaient les officiers et aux festins succédaient des bals que venaient orner de leur présence les belles des environs. Une vieille dame de Dobbs-Ferry se plaisait à rappeler, bien longtemps après la guerre, que, jeune fille, elle avait dansé au quartier général avec le maréchal Berthier, à cette époque aide de camp du comte de Rochambeau. »

Des lettres pressantes de La Fayette, de Steuben, de Richard Henry Lee appelaient Washington en Virginie. Une grande reconnaissance, exécutée à la fin de juillet avec plusieurs milliers d'hommes dans les environs immédiats de New-York, reconnaissance au cours de laquelle Rochambeau et Washington coururent un instant le risque de tomber aux mains de l'ennemi, convainquit enfin le commandant américain de l'impossibilité d'enlever la place, et le décida à transporter sans plus tarder au delà du Potomac le théâtre des opérations.

A cette même date, le général anglais Cornwallis, qui de Wilmington (Caroline du Nord) avait pénétré dans la Virginie et y avait rallié toutes les troupes anglaises sous son commandement direct en renvoyant dédaigneusement Arnold à New-York, se retirait peu à peu vers le littoral virginien, après avoir vainement poursuivi La Fayette pendant plusieurs semaines. Le général anglais, fier de sa marche pourtant peu glorieuse à travers les Carolines, était en désaccord complet avec son collègue ou plutôt son supérieur sir Henry Clinton, qui, se croyant menacé lui-même par Washington, ne songeait nullement à envoyer des renforts à un lieutenant dont il avait quelque raison d'être jaloux. Il lui avait en tout cas adressé l'ordre formel de choisir une position défensive à l'extrémité d'un des promontoires que le territoire virginien projette dans la baie de Chesapeake et de s'y établir solidement en attendant de nouveaux ordres. Cornwallis, désireux de faire reposer ses troupes des fatigues d'une longue campagne d'été, fit choix de la position de Yorktown, à l'extrémité nord de la pointe qui sépare l'embouchure du York River de celle du James River. Il s'y installa complètement dans les premiers jours d'août. Il ne supposait guère que déjà, des bords du fleuve Hudson et des rivages de l'île de Saint-Domingue, des armées et des flottes étaient en route pour venir le cerner sur ce point fatal.

Cependant Washington, encore perplexe, ne s'éloignait pas sans regret du territoire de l'État de New-York lorsqu'il reçut par la frégate la *Concorde*, que le comte de Rochambeau, après l'entrevue de Weathersfield, avait envoyée au comte de Grasse, et qui venait de rentrer à Newport, des lettres de l'amiral français lui faisant savoir qu'il quitterait Saint-Domingue le 3 août avec vingt-cinq ou trente vaisseaux de ligne et des troupes de terre, et mettrait immédiatement à la voile pour la baie de Chesapeake.

Transporté de joie à la réception de cette dépêche décisive, à la pensée que le secours, si longtemps espéré, allait enfin se trouver là, dans quelques semaines, à sa portée, Washington donna l'ordre de départ aux deux armées alliées.

A Philadelphie, le 2 septembre, où Américains et Français défilèrent pendant deux jours, au milieu des acclamations enthousiastes de la population massée sur leur passage, Washington conçut quelque inquiétude en ne recevant aucune nouvelle de la flotte française : si pourtant des escadres anglaises allaient doubler les caps de la baie avant le comte de Grasse ! Mais le général américain venait à peine de quitter Philadelphie le 5 septembre, et se trouvait à Chester sur la route qui conduit au fleuve Potomac, lorsqu'il rencontra le messager qui lui apportait la grande, la bienheureuse nouvelle : depuis le 30 août, vingt-huit vaisseaux de guerre français étaient à l'ancre dans la baie de Chesapeake !

CHAPITRE XX

Comment le comte de Grasse amène au jour convenu dans la baie de Chesapeake vingt-huit vaisseaux et ferme la mer à Cornwallis. — Le 10 septembre il combat les amiraux anglais Graves et Hood, et reste maître de la baie. — Cornwallis capitule le 19 octobre 1781.

Nous avons quitté le comte de Grasse le 5 juillet 1781, au moment où il faisait voile de la Martinique se rendant à Saint-Domingue. En arrivant au Cap-Français, chef-lieu de nos établissements de Saint-Domingue, il trouva, mouillée dans la rade depuis le 8 juillet, la frégate la *Concorde*, que M. de Barras lui avait envoyée de Newport, le 20 juin, avec des pilotes connaissant bien les côtes américaines, et des dépêches relatives aux décisions arrêtées dans l'entrevue de Weathersfield.

Ces dépêches dépeignaient la situation sous un jour très sombre. Rochambeau avec ses six mille Français à Newport, Washington avec ses six ou sept mille Américains sur l'Hudson, La Fayette avec son détachement de quinze cents à deux mille hommes en Virginie, ne pouvaient rien contre les vingt mille hommes de troupes si solides de sir Henry Clinton et de lord Cornwallis, si le comte de Grasse ne venait leur donner le concours tout-puissant de sa flotte. Mais ce n'était pas seulement de vaisseaux qu'on avait besoin, il fallait que

l'amiral français apportât encore sur les côtes d'Amérique
des troupes de terre et de l'argent.

Le comte de Grasse résolut de n'épargner aucun effort pour
donner pleine satisfaction aux demandes qui lui étaient
adressées. Il garda avec lui dix vaisseaux, qu'il avait pourtant
reçu ordre de renvoyer en France. Du gouverneur français de
Saint-Domingue, chez lequel il avait trouvé les dispositions
les plus empressées à seconder son entreprise, il obtint trois
mille hommes, dix pièces de campagne et autant de pièces de
siège. Enfin il réussit à emprunter douze cent mille livres au
gouverneur espagnol de la Havane. Le 28 juillet il envoyait la
Concorde porter ses réponses à Washington et à Rochambeau ;
le 5 août il mettait à la voile, et vingt-cinq jours plus tard sa
belle flotte mouillait près du cap Henry, en face des côtes de
la Virginie.

Quant à l'amiral Rodney, qui aurait dû le poursuivre et
qui peut-être aurait pu le prévenir, il s'était embarqué pour
l'Angleterre, envoyant à sa place dans le Nord sir Samuel Hood,
avec quatorze vaisseaux de ligne. Il était persuadé que le
plus grand nombre des vaisseaux du comte de Grasse avaient
fait voile pour la France, et que sir Hood et le commandant de
la flotte de New-York, l'amiral Graves, auraient en toutes rencontres une grande supériorité de forces sur les escadres
françaises.

De Grasse avait avec lui vingt-huit vaisseaux de ligne. Quel
rôle allait jouer l'escadre de dix vaisseaux qui se trouvait
toujours à Newport avec Barras ? Rochambeau et Washington demandèrent à ce dernier de se rendre lui aussi dans la
baie de Chesapeake, en emportant l'artillerie de siège et les
quelques troupes laissées par Rochambeau pour la garde du
camp. C'était peut-être une aventure très périlleuse, car
Barras, dans le trajet de Newport au rendez-vous de la baie
de Chesapeake, pouvait se heurter aux deux escadres anglaises de New-York et des Antilles ; fallait-il risquer un

LE CAP-FRANÇAIS, AU TEMPS DE LA POSSESSION FRANÇAISE.

grand désastre pour porter secours à de Grasse, qui disposait déjà de forces si considérables? De Grasse lui avait laissé une entière liberté d'action. « Je te laisse le maître, mon cher Barras, lui écrivait-il le 28 juillet, de venir me joindre ou d'agir de ton côté pour le bien de la cause commune. Donne-m'en avis seulement, afin que nous ne nous nuisions pas sans le vouloir. » La prudence eût retenu Barras ; mais il était gentilhomme et officier français ; on allait se battre là-bas près des caps de la Virginie ; il embarqua ses hommes et ses canons et fit voile pour la baie.

Et maintenant voici réunies, à peu de distance les unes des autres, toutes ces forces venues de directions si différentes pour assurer la perte du malheureux Cornwallis. La Fayette est à Williamsbourg, à quelques milles de l'ennemi, tenant fermée la seule porte de sortie sur le continent. Le comte de Grasse, avec sa flotte à l'ancre dans l'anse de Lynn-Haven, bloque la rivière York et ferme la mer. Les embarcations de l'escadre ont débarqué à Jamestown le corps expéditionnaire de Saint-Domingue, commandé par le marquis de Saint-Simon.

Washington dirige le gros de l'armée franco-américaine de Philadelphie à Head of Elk, extrémité septentrionale de la baie de Chesapeake. C'est encore sur les bâtiments français que ces troupes vont être transportées devant Yorktown. Il ne manque plus au rendez-vous que M. de Barras, dont le sort ne laisse pas d'inquiéter quelque peu le comte de Grasse.

Telle est la situation le 5 septembre, lorsque les frégates françaises signalent au large de la baie vingt vaisseaux et sept frégates. Les amiraux anglais Graves et Hood ont en effet réuni leurs escadres ; s'étant laissé devancer par l'amiral français, ils vont essayer de le battre avant l'arrivée de M. de Barras, qui a quitté Newport.

Mais le comte de Grasse peut mettre encore en ligne vingt-quatre vaisseaux, tout en en laissant quatre à l'embouchure des rivières James et York. Il sort à midi de la baie, toutes voiles dehors, et s'avance contre la flotte anglaise. Un vif combat s'engage entre les deux avant-gardes, et l'artillerie française inflige à l'ennemi des pertes sérieuses. Au bout de quelques heures le vent sépare les deux escadres. Cinq jours durant, Anglais et Français manœuvrent vainement pour se rapprocher. Dans la soirée du 10, enfin, le comte de Grasse croit tenir l'occasion de frapper un coup d'autant plus décisif qu'il a pu constater que la canonnade du 5 avril avait fort maltraité quelques-uns des navires anglais. Mais pendant la nuit les amiraux Hood et Graves gagnent le large, brûlant un de leurs vaisseaux trop endommagé pour tenir la mer et laissant deux frégates aux mains des Français. De Grasse rentra aussitôt dans la baie, où il eut l'extrême satisfaction de trouver de Barras, arrivé la nuit précédente avec tous ses bâtiments. Le sort du général Cornwallis était désormais décidé.

Nous n'entreprendrons pas un récit détaillé du célèbre siège de Yorktown, ayant pour objet unique d'étudier le rôle glorieux joué par notre marine dans ces grands évènements. En ce qui concerne la capture de l'armée de Cornwallis, ce rôle était fini. La victoire navale du 5 septembre et l'heureuse arrivée de l'amiral de Barras le 10 enlevaient au général anglais tout espoir d'être secouru par sir Henry Clinton. En tout cas, les forces du comte de Grasse étaient désormais assez considérables pour qu'il pût défier toute attaque.

Le 18 septembre, les vaisseaux français transportèrent les troupes alliées d'Annapolis et de Head of Elk sur la presqu'île de James River. Le 29, la ville d'Yorktown était complètement investie par terre et par mer. La tranchée fut ouverte le 6 octobre, la droite étant assignée aux Américains, la gauche aux Français. Huit cents hommes de l'escadre furent débarqués pour renforcer une des divisions de l'armée de siège. En trois jours la première parallèle fut construite et le feu des batteries ennemies complètement éteint. Des boulets rouges

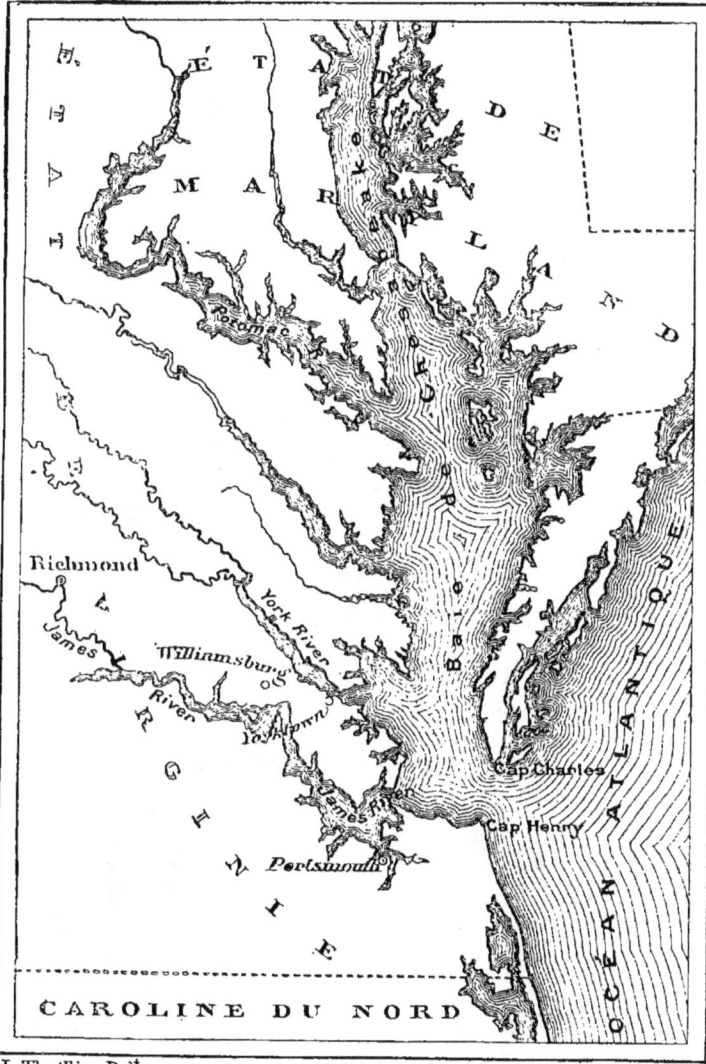

CARTE POUR LA CAPITULATION DE YORKTOWN.

L. Thuillier Del^t

Echelle
0   10   20   30   40   50   60   70   80   90   100 Kil.

lancés par l'artillerie française mirent le feu à quatre vaisseaux anglais. Le 11, les armées combinées commencèrent la seconde parallèle. Le 14 eut lieu l'attaque de deux redoutes établies au front de l'ennemi. Celle de droite fut enlevée par un détachement américain sous les ordres du lieutenant-colonel Hamilton ; celle de gauche par quatre cents grenadiers et chasseurs des régiments de Gâtinais et des Deux-Ponts, le baron de Vioménil dirigeant l'opération. Toute la colonne se précipita dans la redoute, baïonnette baissée, aux cris de : « Vive le roi ! » Quatre jours plus tard, Cornwallis dut se résoudre à capituler. Le 19 il fit remettre son épée à ses vainqueurs par le major général O'Hara ; il laissait aux mains de Washington plus de sept mille prisonniers, l'élite des troupes anglaises d'Amérique, cent cinquante pièces d'artillerie, vingt-deux drapeaux et quarante bâtiments de guerre grands et petits. Conformément aux termes de la capitulation, tout le matériel naval fut livrée à la flotte française et les matelots devinrent prisonniers de l'escadre.

La prise de Yorktown, tous les Américains en eurent le sentiment, c'était l'obstination de l'Angleterre enfin domptée, l'indépendance des États-Unis assurée. Le Congrès vota de chaleureux remerciements au comte de Grasse, au comte de Rochambeau et à tous les officiers de terre et de mer des armées alliées. Il fut décidé qu'une colonne de marbre serait érigée à Yorktown pour perpétuer le souvenir du grand triomphe et célébrer l'alliance de la France et des États-Unis.

Vergennes déclara que l'histoire offrait peu d'exemples d'un succès si complet. Franklin écrivit à Washington : « Tout le monde s'accorde à reconnaître que jamais expédition ne fut mieux conçue et mieux exécutée. Elle illumine la gloire qui accompagnera votre nom jusqu'à la postérité la plus reculée. »

« En résumé, dit M. Chevalier, l'habileté déployée par

Washington, Rochambeau et le comte de Grasse, l'entente parfaite qui ne cessa de régner entre les officiers des deux nations, telles furent les causes du succès des alliés en Virginie. Si le 4 juillet 1776 est la date officielle, le 19 octobre 1781 est la date véritable de l'indépendance des États-Unis d'Amérique. »

CHAPITRE XXI

LA BATAILLE DES SAINTES. — DÉFAITE DU COMTE DE GRASSE

De Grasse, moins heureux dans les Antilles que sur la côte d'Amérique, commet fautes sur fautes à Saint-Christophe, janvier 1782. — Jonction de Hood et de Rodney. — Du 6 au 12 avril, de Grasse peut encore échapper au sort qui le menace. — Le 12 il livre bataille. — Désastre des Saintes. — Un amiral français remet son épée aux Anglais. — Aventures tragiques de la frégate la *Sibylle* et de son commandant de Kergariou.

La triste année 1782 réservait à la France un cruel désastre dans ces Antilles où notre pavillon avait eu depuis trois ans une si fière attitude. Le comte de Grasse, quelques mois après cette victoire de Yorktown à laquelle il avait pris une part si active, allait recevoir un coup terrible de Rodney, qui eût dû, l'année précédente, l'empêcher d'entrer dans la baie de Chesapeake. Nous avons en effet maintenant à raconter comment M. de Grasse, par une série de fautes qu'un lieutenant-général d'une expérience aussi consommée aurait dû éviter, subit cette trop célèbre défaite de la Dominique ou des Saintes, qui coûta à la France six vaisseaux de ligne, plusieurs milliers de marins, un grand nombre d'officiers distingués, et fit tomber au pouvoir de l'ennemi ce commandant en chef de nos armées navales qui avait dicté avec Washington et Rochambeau les termes de la capitulation de Cornwallis.

Les fautes du comte de Grasse commencèrent dès les premiers jours de 1782. Revenu à la Martinique à la fin de 1781, il avait préparé avec le marquis de Bouillé une attaque contre Saint-Christophe, île appartenant aux Anglais, située à peu de distance de Saint-Eustache et qui n'est séparée de la Guadeloupe que par la petite île de Montserrat. Le 11 janvier 1782, la flotte française, forte de vingt-six vaisseaux, parut devant le bourg de la Basse-Terre, capitale de l'île. Les troupes débarquèrent sans résistance, et toute l'île fut soumise, à l'exception de Brimstone-Hill, position fortifiée sur un morne haut de deux ou trois cents mètres, où la garnison, commandée par le général Frazer, s'était retirée. Bouillé commença aussitôt le siège de la place, qui ne pouvait être emportée d'assaut. Le 24, on aperçut à l'horizon de nombreuses voiles. C'était l'amiral anglais Hood, qui, avec vingt-deux vaisseaux, venait porter secours à la garnison de Saint-Christophe. L'occasion était belle pour ajouter le nom d'une brillante victoire à la liste des combats heureux que nous avions déjà livrés depuis 1778. Le comte de Grasse la laissa échapper. Il ne sut même pas empêcher l'ennemi de s'emparer du mouillage que nos vaisseaux avaient quitté la veille pour se mettre en ligne de bataille. Une fois la flotte de Hood embossée dans la baie des Salines, de Grasse l'attaqua deux jours de suite, les 25 et 26, mais mollement, et sans résultat, bien que ces trois journées de canonnade à longue portée nous eussent coûté deux ou trois cents hommes tués ou blessés, et, il est vrai, plus de cinq cents aux Anglais.

L'habileté avec laquelle Hood venait ainsi d'enlever à de Grasse le mouillage excellent des Salines pouvait être fatale au corps expéditionnaire français que Bouillé commandait dans l'île. Hood débarqua en effet quinze cents hommes avec le général Prévost. Mais Bouillé força ce détachement à regagner précipitamment les vaisseaux. Le siège de Brimstone-Hill fut dès lors poussé avec vigueur; les Français réussirent à mettre en batterie des pièces qu'on avait trouvées au pied du morne et quelques canons empruntés à un vaisseau de l'escadre; le 12 février, tous les ouvrages du fort étant démolis, Frazer se décida à capituler.

Pendant que Bouillé achevait ainsi la conquête de l'île, le comte de Grasse perdait un temps précieux, et se contentait de bloquer Hood. Il avait cependant rallié six vaisseaux arrivés de France ou de la Martinique, et disposait ainsi de trente-deux voiles, ce qui lui assurait une supériorité écrasante sur son adversaire, puisque celui-ci n'avait toujours que vingt-deux vaisseaux. L'amiral français pouvait donc et devait attaquer à fond, d'autant plus qu'il savait que Rodney, en route pour reprendre le commandement des forces navales de l'Angleterre aux Antilles, ne tarderait pas à paraître avec un renfort, précieux pour la flotte de Hood, de dix-sept vaisseaux. La seule explication à donner de cette inaction prolongée du comte de Grasse est que sans doute il attendait, afin d'attaquer Hood dans les conditions les plus avantageuses possibles, que celui-ci se décidât à quitter son mouillage. Hood sortit en effet de la baie des Salines le 14 février, mais pendant la nuit, et alors que de Grasse était allé ravitailler sa flotte à l'île de Nevis, voisine de Saint-Christophe. Lorsque le départ de Hood fut connu, les voiles ennemies étaient déjà trop loin pour qu'on pût les poursuivre. De Grasse venait de laisser échapper la victoire qui depuis quinze jours était pour ainsi dire dans ses mains; Hood allait réunir ses vingt-deux vaisseaux à ceux de Rodney, et ce n'est pas la conquête des petites îles de Nevis et de Montserrat, conséquence de celle de Saint-Christophe, qui pouvait compenser un si fâcheux résultat. De Grasse n'allait que trop tôt expier cette série de maladresses.

Un mois ne s'était pas encore écoulé que déjà il ne se sent plus maître de ses mouvements. Rentré à la Martinique, il attend dans la baie de Fort-Royal l'arrivée d'un convoi parti de

France en février, et que les trente-neuf vaisseaux de Rodney
et de Hood épient au passage. Le commandant du convoi passe
avec une habileté extraordinaire au milieu des voiles ennemies,
et Rodney se trouve fort désappointé. Mais l'amiral français a
une mission périlleuse à remplir. Ce convoi qui vient d'entrer
dans le port de la Martinique, il lui faut le conduire à Saint-
Domingue; les ordres de M. de Castries, ministre de la marine,
enjoignent en effet à M. de Grasse de prendre avec lui toutes
les troupes disponibles dans les garnisons des îles du Vent, et
d'aller rejoindre, sur les côtes de Saint-Domingue, l'escadre
espagnole de don Solano. Les flottes réunies des deux nations
alliées compteront alors soixante vaisseaux, et ce puissant
armement transportera vingt mille hommes sur les rivages
de la Jamaïque, dont les cabinets de Versailles et de Madrid
ont projeté la conquête.

Si ce plan magnifique pouvait être exécuté, c'en serait fait
de la domination de l'Angleterre dans les Antilles. Mais
Rodney est là, guettant, de Sainte-Lucie où sa belle flotte est
réunie, le départ de son adversaire. Le comte de Grasse
n'ignore pas que le péril est prêt à fondre sur lui, car il a
moins de vaisseaux maintenant que l'amiral anglais, et sa
marche va être embarrassée par le convoi de cent cinquante
bâtiments de transport qu'il doit traîner avec lui. Le temps
presse, les Espagnols doivent être arrivés à Saint-Domingue,
et les ordres du gouvernement français sont formels. Le
8 avril, tous les préparatifs étant achevés, la flotte française
met à la voile et s'éloigne de la baie de Fort-Royal dans la
direction du nord; le convoi s'avance en tête, les trois escadres suivent, fortes ensemble de trente-trois vaisseaux.

Rodney, prévenu, avait appareillé en toute hâte dans la matinée du 9. Ses vaisseaux de tête sont déjà en vue de l'arrière-
garde française. Le comte de Grasse comprend qu'il faut à
tout prix arrêter cette poursuite. Ordre est donné au marquis
de Vaudreuil, commandant de l'escadre qui forme l'arrière-

garde, de se porter sur les vaisseaux ennemis les plus rapprochés; pendant ce temps, le reste de l'armée et le convoi
vont rester en panne. Vaudreuil attaque avec un tel entrain,
qu'après une heure de canonnade le *Royal-Oak* et le *Montagu*,
de la flotte britannique, sont désemparés et s'éloignent. La
flotte ennemie n'avance plus; le but est donc atteint, et le
comte de Grasse estime qu'en faisant force de voiles il pourra
maintenant dérober sa marche à Rodney et rejoindre la flotte
alliée.

Ainsi jusque dans la soirée du 9 tout allait bien; peut-être
de Grasse laissait-il encore une fois échapper l'occasion d'une
grande victoire en ne poussant pas à fond son succès sur
l'avant-garde anglaise. Mais il songeait avant tout à bien
remplir sa mission, et aucun reproche ne pouvait lui être
adressé.

Le lendemain 10, flotte et convoi filent sur Saint-Domingue,
et les voiles de Rodney ont disparu de l'horizon au sud.
Pourquoi tout à coup, pendant la nuit, ce ralentissement dans
la marche des vaisseaux français? Un bâtiment, le *Zélé*, vient
d'aborder le *Jason*, première cause de désordre. Il faut renvoyer à la Guadeloupe le *Jason*, puis le *Caton* qui a perdu ses
mâts; deux navires de moins sur trente-trois, c'est une perte
sérieuse en face d'un ennemi déjà très supérieur en nombre.
Le 11, on fait peu de chemin, l'accident de la nuit précédente
ayant troublé l'ordre de marche. Dans la nuit du 11 au 12, ce
même *Zélé*, qui venait de désemparer le *Jason*, vient aborder
encore la *Ville-de-Paris*, vaisseau amiral, que monte de Grasse.
Du coup, le *Zélé* a deux de ses mâts cassés. Il faut encore conduire ce blessé à la Guadeloupe; mais pendant tout ce temps
Rodney a gagné du terrain. Le 12, de grand matin, ses trente-
six voiles apparaissent au large; l'amiral français ne veut pas
lui sacrifier un vaisseau même démâté, et, au lieu de forcer de
voiles au risque de laisser tomber le *Zélé* aux mains des
Anglais, il perd deux heures précieuses à conduire ce fatal

bâtiment hors de portée. Vers huit heures du matin, en effet, le *Zélé* était sauvé et pouvait gagner sans crainte le port voisin; en revanche, toute la flotte française était engagée. Car Rodney était trop près maintenant pour qu'une bataille pût être évitée sans péril : ce hasard que de Grasse n'avait pas voulu courir le 9, alors qu'il disposait encore de toutes ses forces, il se décide à l'affronter après qu'il vient de perdre successivement trois de ses vaisseaux.

Il est huit heures du matin, et les premiers coups de canon sont tirés par deux bâtiments de l'avant-garde de l'une et de l'autre flotte. D'un côté trente-six vaisseaux, dont cinq à trois ponts, de l'autre trente vaisseaux, dont un seul, la *Ville-de-Paris*, à trois ponts. La flotte française porte deux mille deux cent quarante-six canons, la flotte anglaise deux mille six cent soixante-quatorze. Ainsi Rodney a six vaisseaux et quatre cent vingt-huit bouches à feu de plus que de Grasse. Mais peut-être l'habileté du commandant en chef, le zèle des chefs d'escadre, la vaillance des équipages vont compenser cette infériorité si manifeste. Ni l'habileté, ni le zèle, ni la vaillance ne feront défaut, mais il y aura des ordres mal compris, des signaux mal interprétés, cachés par l'énorme nuage de fumée qui s'élève de l'effroyable canonnade; des manœuvres importantes, d'où dépend le salut de l'armée, ne pourront être exécutées, et quand, vers une heure, la fumée se lèvera sous le souffle d'une brise un peu forte, on verra cette flotte magnifique, orgueil de la France, coupée en trois tronçons, et frappée d'impuissance.

C'est vers dix heures que le *Formidable*, vaisseau de quatre-vingt-dix-huit canons, monté par Rodney, perce la ligne des vaisseaux français, et, suivi de cinq ou six de ses meilleurs bâtiments, tourne l'arrière-garde commandée par Bougainville. Peu après c'est l'avant-garde qui se trouve séparée du corps principal par les vaisseaux que commande sir Samuel Hood. A partir de ce moment, la grande bataille navale se disperse en combats singuliers dans lesquels chaque bâtiment français doit lutter contre trois ou quatre adversaires.

Le *Glorieux* succombe le premier : ce vaisseau avait eu à subir le feu des plus gros bâtiments de Rodney; dès neuf heures du matin il avait perdu son capitaine M. d'Escars. Le lieutenant de vaisseau Trogoff de Kerlessi, prenant le commandement, résiste jusqu'à deux heures sur cette masse démâtée réduite à l'immobilité, et que tous les vaisseaux anglais qui passent devant elle criblent de boulets. Le *César* et l'*Hector* se rendent vers trois heures et demie, l'*Ardent* à cinq heures.

Pendant toute la journée, de Grasse, à bord de la *Ville-de-Paris*, avait tenté vainement de rallier les débris épars de sa flotte. Il se plaignit plus tard de la désobéissance du plus grand nombre des capitaines de vaisseau; à l'en croire, on n'aurait tenu nul compte de ses ordres; même ses chefs d'escadre, M. de Bougainville et le marquis de Vaudreuil, auraient négligé systématiquement ses signaux. Il est possible que plusieurs officiers aient mérité des reproches; mais la faute la plus grave n'avait-elle pas été commise par l'amiral, coupable d'engager la lutte sans nécessité, avec des forces très inférieures, en un moment où ses vaisseaux étaient encore, par suite d'un double abordage, placés sans ordre et à une grande distance les uns des autres?

Quoi qu'il en fût, la bataille était perdue, il ne restait plus à sauver que l'honneur; tandis que les vaisseaux des deux escadres de tête et d'arrière-garde combattaient au loin, au hasard, contre des ennemis dont les forces étaient doublées par la certitude de la victoire, les plus gros bâtiments anglais entouraient peu à peu la *Ville-de-Paris* et les trois ou quatre navires qui avaient pu venir se ranger sous les ordres de l'amiral. On se battait depuis déjà neuf heures, et ce splendide vaisseau, avec ses cent quatre canons, imposait encore le respect à ses adversaires, dont le nombre augmentait à tout instant. A cinq heures et demie, tirant des deux bords, usant ses dernières munitions, il recevait le feu de neuf vaisseaux anglais, et ripostait toujours, lorsque de Grasse voit s'avancer un dixième ennemi, le *Barfleur*, de quatre-vingt-dix-huit canons, que monte l'amiral Hood. Celui-ci allait bien se venger en ce moment des heures d'anxiété que lui avait fait passer de Grasse deux mois auparavant au mouillage de Saint-Christophe. Pendant un quart d'heure encore, la *Ville-de-Paris* éventrée, ses mâts brisés, son pont couvert de morts et de blessés, supporte le feu des cinq cents pièces de canon auxquels elle sert de cible. Enfin de Grasse, épargné comme par miracle au milieu de cet ouragan de feu, ne voyant plus autour de lui que quelques rares survivants de son équipage, si brillant le matin, prend pitié de ces malheureux et se décide à rendre son épée et son bâtiment à sir Samuel Hood.

Des autres navires de la flotte on avait suivi avec une douloureuse anxiété les péripéties de ce combat héroïque d'un bâtiment contre dix. « Jusqu'au moment où la *Ville-de-Paris* s'est rendue, écrit le marquis de Vaudreuil, je n'ai eu de voiles que ce qui était nécessaire pour gouverner, suivant exactement les mouvements de ce vaisseau pour ne pas m'éloigner. A six heures et demie, je le vis venir en travers, après avoir tiré des deux bords, cesser son feu et amener ses pavillons de signaux ; je regardai son bâton de pavillon, le pavillon était amené... »

Le marquis de Vaudreuil, étant le plus ancien chef d'escadre, se hâta de prendre le commandement ; il fit hisser à son grand mât le signal de ralliement, se couvrit de voiles, et quitta le champ de bataille, suivi de tout ce qui pouvait encore manœuvrer. La nuit était venue, Rodney n'inquiéta pas la fuite des vingt-cinq vaisseaux français échappés au désastre. Les Anglais avaient perdu un millier d'hommes, et nous, le double ou le triple peut-être ; car le chiffre de nos morts et de nos blessés ne put être exactement fixé.

Les Anglais nous avaient pris cinq vaisseaux, le *Glorieux*, le *César*, l'*Hector*, l'*Ardent*, et enfin la *Ville-de-Paris*. Or voici ce qu'il advint de ces bâtiments. Pendant la nuit qui suivit la bataille, une révolte des matelots français éclata sur le *César*, déjà en partie dévoré par l'incendie. Pendant que les quatre cents prisonniers se battaient contre les cent cinquante matelots anglais qu'on avait embarqués sur cette prise, le bâtiment sauta, engloutissant tout ce monde avec le malheureux capitaine chargé de la garde du *César*. La *Ville-de-Paris*, le *Glorieux* et l'*Hector* furent dirigés sur l'Angleterre ; mais le 12 juin ces bâtiments et deux vaisseaux anglais qui les escortaient, le *Centaure* et le *Ramillies*, furent assaillis par une des plus horribles tempêtes dont on ait jamais entendu parler, et tout disparut dans l'abîme. Enfin l'*Ardent* était dans un tel état de délabrement, qu'arrivé à la Jamaïque, il fut déclaré hors d'état de tenir la mer et, par conséquent, démoli. Ainsi aucun des bâtiments capturés par Rodney dans la journée du 12 avril n'alla figurer comme trophée dans un des ports d'Angleterre.

La grande victoire de Rodney fournit au gouvernement anglais un prétexte honorable pour entamer des négociations et mettre fin à une guerre où l'orgueil national avait obtenu de bien faibles compensations aux charges terribles que la population britannique se voyait imposer. Aux Antilles, le combat des Saintes fut absolument stérile, et ne modifia pas la situation réciproque des belligérants. Il est vrai que les flottes alliées durent renoncer à attaquer la Jamaïque, ce qui était pour les Anglais un résultat fort appréciable ; mais les vaisseaux de Rodney avaient été si maltraités pendant cette lutte acharnée, qu'après avoir pris encore quelques bâtiments français restés en arrière, toute la flotte anglaise alla se réparer à la Jamaïque et se tint immobile pendant plusieurs mois sur les côtes de cette île.

Quant au marquis de Vaudreuil, il put très tranquillement

rallier une vingtaine de ses navires à Saint-Domingue, expédier en Europe, sous bonne escorte, deux convois comptant chacun plus de cent navires marchands, organiser et diriger vers la baie d'Hudson une petite expédition sous le commandement du célèbre La Pérouse, croiser en août sur les côtes des États-Unis, jeter un moment la terreur à New-York où les Anglais tenaient encore garnison, achever de réparer et de ravitailler son escadre à Boston, enfin revenir à Saint-Domingue, sans que pendant tout ce temps la flotte anglaise de la Jamaïque, qui n'était plus commandée par Rodney, eût tenté de reprendre une seule des îles dont le marquis de Bouillé avait fait si brillamment la conquête.

Il n'y eut plus, à partir de ce moment, dans les Antilles, que des rencontres de bâtiments isolés. On écrirait un gros livre si l'on voulait relever tous les actes d'héroïsme par lesquels nos marins se signalèrent dans ces parages, comme tant d'autres de leurs braves compatriotes s'étaient déjà distingués dans les mers d'Europe. Il faudrait raconter les exploits des frégates la *Friponne*, la *Résolue*, l'*Aigle* et la *Gloire*, la belle défense du vaisseau le *Solitaire*, commandé par le capitaine Borda, aussi célèbre par sa vaillance que par ses travaux scientifiques, contre toute une escadre anglaise, près de l'île de la Barbade. Nous dirons au moins quelques mots du combat de la *Sibylle* et de la *Magicienne*, parce que ce fut le dernier fait de guerre important dans les Indes occidentales.

C'était en janvier 1783; le capitaine de Kergariou-Locmaria, commandant la frégate la *Sibylle*, escortait un convoi entre Saint-Domingue et l'Amérique du Nord, lorsqu'il aperçut une ancienne frégate française, la *Magicienne*, que les hasards des combats avaient fait tomber aux mains de l'ennemi, et qui portait fièrement maintenant les couleurs anglaises. Trente-deux canons d'un côté comme de l'autre; la partie était belle à jouer. De Kergariou-Locmaria vint tout près de la *Magicienne* et l'attaqua avec furie. Déjà la frégate ennemie avait

perdu son mât d'artimon et voyait chanceler le reste de sa
mâture, quand tout à coup Kergariou est renversé par une
volée de mitraille qui abat avec lui onze hommes de son équipage. Le lieutenant de vaisseau prend aussitôt le commandement et met dans un tel état la pauvre *Magicienne*, que celle-ci
eût dû amener son pavillon si un vaisseau anglais n'était
arrivé fort opportunément à son secours. Le sort de la *Sibylle*
était des plus critiques; tous ses officiers étaient blessés, et
on se demande comment elle put encore se retirer à temps
pour n'être pas prise. Cependant le brave de Kergariou n'était
pas mort, et déjà il avait réussi à réparer en partie les avaries de son cher bâtiment, quand une affreuse tempête l'as-
saille et casse tous ses mâts. La *Sibylle*, n'étant pour ainsi dire
plus qu'une épave, s'en va tomber, dans cet état, au milieu
d'une division ennemie. Kergariou se hâte de hisser le pavillon britannique, afin de passer inaperçu; mais la ruse ne
tarde pas à être éventée, et comme une frégate anglaise s'ap-
prochait de trop près, Kergariou arbore le pavillon français
et fait feu. L'ennemi riposte, et, ses boulets pénétrant au-
dessous de la ligne de flottaison, l'eau emplit la soute aux
poudres. Kergariou, pour ne pas sombrer, jette ses canons à
la mer, et veut attaquer à l'abordage un vaisseau qui est venu
rejoindre la frégate anglaise. Malheureusement le vaisseau
réussit à se tenir à distance, et la *Sibylle*, n'ayant plus ni
mâts pour se diriger, ni poudre pour tirer, se rend enfin. Une
carcasse, le navire aux trois quarts démoli, et quelques
hommes désarmés, voilà ce que Kergariou livrait à l'ennemi.

CHAPITRE XXII

LE SIÈGE DE GIBRALTAR

De Guichen et Kempenfeldt en Europe. — Siège de Gibraltar. — Les batteries flottantes du colonel d'Arçon. — Comment Lamotte-Picquet, commandant l'avant-garde des flottes espagnole et française, ne peut battre les Anglais, parce qu'il n'est jamais suivi par le corps d'armée.

Tandis que de Grasse se faisait battre aux Antilles, les flottes alliées ne réussissaient pas en Europe, malgré une supériorité numérique constante, à vaincre les escadres anglaises, et les Espagnols ne parvenaient pas à prendre Gibraltar.

De Guichen commandait l'escadre de Brest à la fin de 1781. Le 10 décembre, il sortit du port, escortant avec une vingtaine de vaisseaux un convoi fort important de bâtiments chargés de troupes, de munitions et de vivres, convoi dont la majeure partie était destinée au comte de Grasse et le reste devait se rendre dans l'Inde. Quelques jours avant le départ de Guichen, l'amiral Kempenfeldt avait quitté la côte anglaise, avec mission de guetter les convois prêts à sortir de France. Il eut promptement reconnu et atteint celui que conduisait de Guichen. Kempenfeldt n'avait que treize vaisseaux contre vingt, il ne pouvait songer à attaquer. Mais son adversaire lui fournit, par une inconcevable négligence, l'occasion inespérée de tenter un hardi coup de main. De Guichen avait placé son escadre en avant et sous le vent de son convoi, c'est-à-dire dans une position où il lui était à peu près impossible de protéger celui-ci, dans le cas où il serait attaqué. L'amiral anglais, instruit de cette disposition si défectueuse de l'escadre

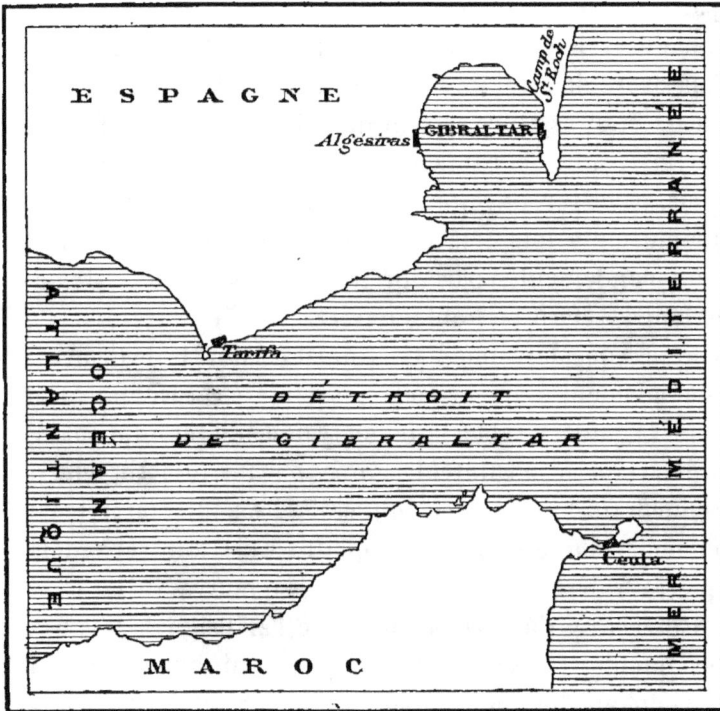

GIBRALTAR.

française, profita d'un temps de brume et d'un gros vent pour enlever, presque sous les yeux de Guichen, réduit à l'impuissance, une vingtaine de bâtiments de charge. Une tempête acheva la dispersion du convoi ; vaisseaux de guerre et transports rentrèrent à Brest ; seul de Vaudreuil, avec deux vaisseaux, put rejoindre le comte de Graesse et prendre,

comme on l'a vu, une part importante à la bataille des
Saintes.

De Guichen, se sentant coupable de négligence, voulait abandonner un commandement dont il ne se croyait plus digne.
Mais le gouvernement de Louis XVI, en souvenir de ses longs
et parfois brillants services pendant une carrière de près de
cinquante années, le maintint à la tête de l'escadre et lui
donna ordre de rejoindre à Cadix la flotte de don Luis de Cordova. Les flottes alliées firent dans l'Océan une croisière qui
eut pour résultat la capture de dix-huit navires de commerce
anglais. Elles furent rejointes par Lamotte-Picquet, qui, après
avoir plusieurs fois déjà demandé au ministre de la marine
un commandement séparé, qu'il méritait si bien et depuis si
longtemps, venait de l'obtenir.

« Je ne vous demande pas, avait-il écrit à M. de Castries, le
commandement d'une armée; lorsque je serai rétabli (il souf-
frait de la goutte), sept à huit bons vaisseaux me suffiront. Avec
cela je ne crains pas toutes les forces navales de l'Angleterre. »
Sa requête fut exaucée; en juillet 1782 on lui donna le commandement d'une division de quatre vaisseaux espagnols et
de quatre français, avec laquelle il manœuvrerait de façon à
servir d'éclaireur à l'armée alliée. Le 12, il signala vingt-deux
voiles ennemies et se mit en chasse. Il allait atteindre et attaquer l'ennemi, lorsqu'il s'aperçut que la flotte combinée était
restée en arrière. « J'ai fait humainement, écrit-il au ministre dans son rapport sur cette occasion manquée, tout ce
qu'il a été possible pour engager l'armée anglaise, au risque
d'être écrasé ou pris, mais le tout inutilement. L'armée alliée
était au moins à deux lieues de nous, et une grande partie
plus éloignée. Si elle avait mieux marché, la marine anglaise
était anéantie en ces mers. Quelle journée, monseigneur, nous
avons manquée par la pesanteur des vaisseaux espagnols! Nos
officiers et nos équipages témoignaient la plus grande ardeur,
et je regretterai toute ma vie de n'avoir pu en faire usage. »

LE ROCHER DE GIBRALTAR.

Cependant l'armée espagnole et française réunie devant Gibraltar n'avait obtenu depuis plusieurs mois aucun résultat. Les travaux du siège n'étaient pas plus avancés. La cour espagnole réclamait la présence à Cadix des escadres alliées et tout se préparait pour un effort désespéré contre l'imprenable forteresse dont quarante mille hommes de troupes de terre, réunis au camp de Saint-Roch sous le commandement du duc de Crillon et toute l'artillerie de cinquante vaisseaux de guerre réunis à Algésiras, ne parvenaient pas même à ralentir le feu.

Un officier français, le colonel du génie d'Arçon, avait inventé un système de batteries flottantes qui devait, la cour d'Espagne se berçait de cette espérance, avoir raison des défenses de Gibraltar. Il avait fait adopter son projet par le gouvernement de Madrid, et, le 13 septembre, dix de ces batteries, portant cent cinquante canons de gros calibre, vinrent s'embosser en face de la première ligne des fortifications de Gibraltar sur la baie. Malheureusement l'attaque était prématurée. Les batteries flottantes du colonel d'Arçon constituaient une invention fort ingénieuse et un engin de guerre vraiment redoutable; mais, construites à la hâte, sans précautions suffisantes, elles n'étaient même pas encore achevées quand on les mit à la mer, et, de plus, elles ne furent pas soutenues, comme M. d'Arçon l'avait demandé, par les canonnières et les bombardes, par toute la flotte combinée et par les lignes du camp de Saint-Roch. Le soir, deux des batteries prennent feu et demandent du secours. Aucune mesure n'avait été préparée pour les ramener en arrière. On les fait évacuer et on les les brûle, tandis que les canonnières anglaises les criblent d'énormes projectiles. Toutes les batteries sautèrent, les unes pendant la nuit qui suivit l'attaque, les autres le lendemain. La victoire des Anglais était complète et produisit d'autant plus d'effet en Europe, que les cours alliées avaient concentré plus de forces devant Gibraltar et que les puissances neutres avaient envoyé des officiers au camp de Saint-Roch pour assister aux travaux du siège et à l'attaque des batteries flottantes.

De travaux de siège il n'était plus question. Il fallait se résigner à un simple blocus. Cinquante vaisseaux de guerre espagnols et français étaient réunis près du détroit et l'on savait que Howe, commandant d'une flotte anglaise de ravitaillement dont l'arrivée prochaine venait d'être annoncée, n'avait que trente-quatre voiles. Celui-ci réussit pourtant à faire entrer à Gibraltar un vaisseau de ligne et quatre transports, et, le 18 octobre, échappant lui-même à l'armée alliée, il fit mouiller tout son convoi sous la protection des canons du fort.

Howe espérait sortir à peu près inaperçu, comme il était entré. Mais il comptait sans la vigilance de Lamotte-Picquet, qui, servant toujours d'éclaireur à l'armée alliée, atteignit le 20 l'escadre de Howe, tandis qu'elle filait à toutes voiles vers l'ouest. La flotte alliée pouvait mettre en ligne quarante-six vaisseaux, dont un de cent douze canons, la *Santa Trinidad*, et six de cent dix canons, tandis que la flotte anglaise avait seulement trente-trois vaisseaux, soit treize de moins.

Cette rencontre pouvait devenir une grande bataille navale; elle n'aboutit qu'à une courte lutte d'avant-garde. Lamotte-Picquet, faisant force de voiles, n'avait atteint les derniers vaisseaux de Howe qu'à la nuit tombante. Il engagea aussitôt le combat; mais la flotte alliée était trop en arrière et ne pouvait arriver à temps sur le lieu de la lutte. A minuit, les vaisseaux anglais, tous excellents marcheurs, avaient disparu. Don Luis de Cordova ramena la flotte combinée à Cadix. Ainsi se termina sans aucun éclat, entre Cadix et Brest, cette campagne navale de 1782, qui, si elle fit grand honneur aux amiraux anglais, ne couvrit d'aucune gloire les commandants des armées alliées.

C'est dans l'Inde, sur la côte de Coromandel, qu'il nous faut chercher les derniers succès de notre marine pendant cette guerre. En cette même année où nous subissions une défaite avec de Grasse en Amérique, où en Europe avec de Guichen nous ne faisions autant dire rien, un de nos plus brillants officiers de mer, M. de Suffren, faisait flotter glorieusement le drapeau national sur les mers de l'extrême Orient et menaçait la domination anglaise dans l'Hindoustan. C'est le nom de M. de Suffren et le récit de ses exploits qui vont remplir les derniers chapitres de ce récit.

QUATRIÈME PARTIE

1782-1783

LA CAMPAGNE DE L'INDE

CHAPITRE XXIII

L'INDE FRANÇAISE

Le rêve d'un empire franco-indien au milieu du xviiie siècle. — Ce que nous laissait dans l'Inde le traité de 1763. — Le comte d'Orves à l'île de France et devant Pondichéry. — Premières relations avec Hyder-Ali.

Les Portugais, puis les Hollandais ont précédé les Français dans l'Inde. Les Anglais, venus les derniers, sont restés les maîtres de la grande péninsule. Mais les Français n'ont pas cédé le terrain sans résistance à leurs tenaces adversaires. Quelques hommes de cœur, au milieu du xviiie siècle, ont lutté avec une admirable énergie pour conserver à leur pays l'empire colonial dont leur génie venait de jeter les fondements. La Bourdonnais, Dupleix, Bussy, Lally-Tollendal, que de souvenirs glorieux rappellent ces noms! C'est grâce à ces héros que le pavillon français a flotté si fièrement pendant un quart de siècle dans le golfe du Bengale, aujourd'hui tout anglais.

Mais qu'importait aux courtisans de Louis XV que le sort d'immenses territoires se décidât au fond de l'Orient, dans d'obscurs combats dont les nouvelles ne parvenaient en France que cinq ou six mois après les évènements accomplis! Personne ne s'intéressait aux aventuriers qui s'en allaient porter si loin et défendre de tout leur sang l'étendard national, et quand ils s'avisaient de rentrer dans leur pays, où on aurait dû les recevoir en triomphe, on les laissait mourir de faim, quand on ne les jetait pas à la Bastille!

Voilà pourquoi les Anglais ont eu raison, de 1748 à 1763, de la résistance acharnée des Français de l'Inde et ont commencé à édifier leur empire sur les débris du nôtre. La belle campagne du commandeur de Suffren dans les mers de l'Inde, de 1782 à 1783, a été comme l'épilogue de cette douloureuse histoire, le dernier effort de la France pour reprendre et garder un lambeau de cette terre qui aurait pu être française. De Suffren ne fut pas plus heureux que ses prédécesseurs : on le vit errer pendant plus d'une année entre la côte de Coromandel, Ceylan et Sumatra avec une douzaine de vaisseaux, sans port de relâche ou de ravitaillement, se réparant en mer, cherchant toujours l'ennemi, et lui livrant cinq combats, qui jettent un dernier rayon de gloire sur l'histoire de notre marine au XVIIIe siècle. Notre situation dans l'Inde ne fut pas modifiée, mais du moins, grâce à Suffren, les dernières batailles navales dont l'océan Indien fut le théâtre ont été des victoires françaises; grâce à lui, la défaite du comte de Grasse aux Saintes, ou le vain essai de combat à Gibraltar, ne constitue pas le dernier évènement de la grande lutte navale entre la France et l'Angleterre.

Le traité de 1763 n'avait laissé à la France, de toutes ses possessions dans l'Inde, que les villes et territoires de Chandernagor, Pondichéry, Karikal et Mahé.

Le 7 juillet 1778, le conseil de l'Inde, à Calcutta, reçut avis
du gouvernement anglais que la guerre avait été commencée

CARTE DE L'INDE.

en Europe le 15 mars. Trois jours plus tard, à cinq heures du
matin, cette même nouvelle arrivait au gouverneur français
de Chandernagor par la présence d'une petite troupe anglaise

qui venait occuper la ville et à laquelle, naturellement, la place
étant ouverte, il ne fut opposé aucune résistance.

Le gouvernement français n'avait pas fait relever les fortifications de Pondichéry, démolies en 1763. Aussi le gouverneur, M. de Bellecombe, fut-il fort en peine quand le
général anglais Munro vint en août, avec plusieurs milliers
d'hommes, mettre le siège devant la capitale des établissements français dans l'Hindoustan. Une petite division navale,
composée d'un vaisseau, d'une frégate et de trois bâtiments
de la Compagnie armés en guerre, se trouvait sur rade à Pondichéry, sous le commandement de M. de Tronjolly. Cette
division fut attaquée par quelques vaisseaux anglais sous les
ordres du commodore Vernon. Le combat resta indécis, mais
quelque temps après l'officier anglais reçut du renfort, et
M. de Tronjolly, pour éviter un désastre, prit le parti de faire
voile pour l'île de France. M. de Bellecombe, complètement
abandonné, capitula en octobre 1778; la petite garnison
obtint les conditions les plus honorables, et sortit de Pondichéry, tambour battant, mèche allumée.

De 1778 à 1780, aucun vaisseau français ne parut sur les
côtes de l'Inde; M. de Tronjolly se contenta de garder l'île de
France et l'île Bourbon. Cependant des renforts étaient
expédiés de France, et, à la fin de 1780, le comte d'Orves,
successeur de M. de Tronjolly, disposait de six vaisseaux.
C'était assez pour protéger deux îles que rien ne menaçait
actuellement, mais trop peu pour attaquer avec quelques
chances de succès les positions des Anglais dans l'Inde. Le
comte d'Orves résolut cependant d'aller montrer le pavillon
français sur cette côte de Coromandel où nous ne possédions
plus rien, et qui avait vu, un quart de siècle plus tôt, naître et
tomber si rapidement l'essai d'empire colonial de Dupleix.

En arrivant devant Madras et Pondichéry, les officiers des
six vaisseaux et des trois frégates qui composaient l'escadre
du comte d'Orves purent songer avec un vif sentiment

d'orgueil mêlé d'amers et profonds regrets au rôle brillant que les armées françaises avaient joué pendant quelques années sur cet immense territoire. Grâce à M. Mahé de la Bourdonnais, nous avions été les maîtres, un moment, de la

E. RONJAT.

DUPLEIX.

ville de Madras. Puis Dupleix avait fait de Pondichéry la capitale d'un domaine splendide. Tout le Carnatic, c'est-à-dire toute la côte depuis le cap Comorin jusqu'à l'embouchure de la Krischna, obéissait à ses ordres. Il portait lui-même le nom et les insignes de nabab, que le grand mogol de Delhi lui avait conférés. Il avait par conséquent le rang d'un sou-

verain dans l'Inde et pouvait figurer au milieu des puissants
vassaux de la cour impériale de Delhi. Son habile et fidèle
lieutenant Bussy, tout-puissant à la cour du soukhadar du
Dekkan, portait le prestige de l'autorité de la France à Hyde-
rabad, à Golconde, et jusqu'au fond du Dekkan, à Auren-
gabad. Enfin Dupleix s'était fait concéder le pays des Circars,
c'est-à-dire la côte depuis la Krischna jusqu'aux frontières du
Bengale.

Mais toute cette puissance ne reposait que sur l'indomptable
énergie d'un homme, sur les inépuisables ressources d'une
intelligence merveilleuse. Le gouvernement français n'y avait
aucune part; il n'envoyait à Dupleix ni vaisseaux, ni soldats,
ni argent, ni vivres. A peine celui-ci voyait-il arriver de temps
à autre à Pondichéry quelques officiers de fortune, fuyant
leur patrie pour échapper à des créanciers ou à la justice,
instruments grossiers dont il était obligé de se servir, et qui
souvent le mettaient en grand péril. Les possessions françaises dans l'Inde n'appartenaient pas alors au gouvernement,
mais à une Compagnie des Indes orientales, dont Dupleix était
l'agent et qui se souciait beaucoup moins de conquêtes que de
commerce. Il arriva un moment où les ennemis de Dupleix,
et son caractère altier lui en avait fait beaucoup, obtinrent le
rappel de ce personnage dont les succès devenaient gênants
et fastidieux et qui s'avisait de vouloir donner à son prince,
dans l'extrême Orient, vingt ou trente nouveaux millions de
sujets à gouverner. Dupleix revint complètement ruiné, et
n'excita aucun intérêt à la cour. Ses mémoires justificatifs
parurent ennuyeux; quand il mourut, peu de temps après,
pauvre et isolé, nul ne pensait plus à l'homme qui avait, pendant quelques années, placé la moitié de l'Hindoustan sous le
drapeau de la France.

Ses successeurs dans l'Inde avaient abandonné toutes ses
conquêtes et toutes ses prétentions. Bussy avait été rappelé de
la cour du soukhadar du Dekkan : déjà de la domination fran-

çaise il ne restait plus que le souvenir. C'est à ce moment
que le gouvernement français eut l'idée d'envoyer à Pondichéry une petite armée commandée par des officiers d'élite,
avec l'Irlandais Lally-Tollendal, qui s'était illustré à la bataille
de Fontenoy, pour général en chef. Trop tard ! les Anglais,
déjà tout-puissants dans le Bengale, dominaient dans le Carnatic; Lally-Tollendal, avec son caractère violent et son
dédain présomptueux pour le personnel de la Compagnie des
Indes orientales, n'était pas l'homme qui pouvait relever
notre fortune chancelante. Dénué de tout, ne pouvant obtenir
ni vivres, ni argent, ni renforts, il fut battu dans un combat
décisif, et rejeté dans Pondichéry, où il dut capituler après
quelques mois de siège. Le traité de Paris de 1763 nous
laissait cette ville, mais démantelée, et trois ou quatre villages sur toute l'étendue des côtes. Nous perdions le Carnatic et les Circars, et personne ne représentait plus la
France à la cour du Dekkan.

Près de vingt années s'étaient écoulés depuis ce triste
écroulement de notre empire franco-indien, et pendant ce
temps la puissance anglaise avait constamment progressé.
Au moment où notre pavillon flottait de nouveau sur la mer
du Bengale, un grand danger cependant menaçait les Anglais.
Un prince indien, Hyder-Ali, aventurier de génie, devenu par
usurpation rajah du Mysore, c'est-à-dire de la partie méridionale de l'Inde, avait levé une armée de cent mille hommes
et s'était précipité sur les provinces du Carnatic. La capitale
de cette nababie, Arcot, était tombée en son pouvoir; Hyder-
Ali avait poursuivi la petite armée anglaise de sir Eyre Cott
jusqu'à Goudelour (Cuddalore) et la tenait bloquée dans cette
place, située à quelques lieues au sud de Pondichéry, quand
il apprit l'arrivée d'une escadre française sur la côte.

Le héros indien conçut alors l'espoir d'une éclatante victoire sur les oppresseurs de son pays : avec l'aide des Français
il chasserait les Anglais, jusqu'au dernier, du sol de l'Inde.

Une correspondance s'engagea entre Hyder-Ali et le comte d'Orves. Le premier demandait le débarquement d'un corps français et le concours de l'escadre; en moins d'un mois, la petite armée anglaise réunie à Goudelour serait réduite à merci. Le comte d'Orves manqua d'initiative. Ses instructions lui enjoignaient de se borner à une simple démonstration sur les côtes de l'Inde; il n'avait de vivres au surplus que strictement pour son retour. Hyder-Ali ne reçut donc aucun secours, et le comte d'Orves partit pour l'île de France, où il arriva à la fin de mars 1781.

On n'avait absolument rien fait; il est possible et même probable qu'avec un peu d'audace le comte d'Orves eût pu porter un coup sensible à la domination anglaise dans l'Inde. Il eût sans peine trouvé des vivres; Suffren allait bientôt montrer qu'un officier résolu peut toujours en tel cas se tirer d'affaire. Mais on doit noter que le comte d'Orves ne pouvait compter sur aucun secours de la métropole; or les magasins de l'île de France étaient complètement épuisés et ne contenaient ni approvisionnements, ni matériel, ni munitions. Le commandant de l'escadre n'avait même pu encore parvenir à réparer deux de ses bâtiments depuis son retour, lorsqu'on reçut à Port-Louis, capitale de l'île de France, le 10 juillet 1781, la nouvelle de la prochaine arrivée d'une escadre et d'un convoi venant de France sous les ordres d'un officier qui s'était déjà distingué dans les Antilles sous le comte d'Estaing, le commandeur de Suffren, plus connu sous le titre qu'il obtint un peu plus tard de bailli de Suffren.

CHAPITRE XXIV

SUFFREN. — COMBAT DE LA PRAYA

Suffren s'embarque pour l'île de France, mars 1781. — Combat de la Praya. — La colonie hollandaise du Cap est sauvée. — De l'île de France à la côte de Coromandel. — Suffren arrive devant Madras, février 1782. — Il rencontre pour la première fois l'amiral Hughes, son adversaire pendant toute la campagne.

Suffren était parti de Brest le 22 mars 1781, en même temps que la flotte que le comte de Grasse conduisait en Amérique et qui allait assurer la capitulation de Yorktown. Il se sépara du lieutenant-général le 29 mars, et fit voile vers le sud avec cinq vaisseaux, dont deux de soixante-quatorze canons, le *Héros* et l'*Annibal;* trois de soixante-quatre, le *Sphinx*, le *Vengeur* et l'*Artésien*, et plusieurs bâtiments de commerce portant onze cents hommes d'infanterie et des approvisionnements de toute sorte.

En même temps que de suffren se dirigeait vers le Sud, une escadre anglaise, sous les ordres du commodore Johnstone, suivait la même direction, avec mission de s'emparer des établissements hollandais du Cap de Bonne-Espérance. Suffren avait pour instructions de faire tous ses efforts pour devancer Johnstone, et, dans le cas où il y réussirait, de mettre la colonie hollandaise du sud de l'Afrique en état de défense.

Le 16 avril, l'escadre française arrivant aux îles du Cap-Vert

les vaisseaux de Johnstone furent aperçus à l'ancre dans la
baie de la Praya (île de San Iago). Suffren prit aussitôt un
parti très hardi, celui d'entrer immédiatement dans la rade
et d'y attaquer l'ennemi. Que de fois dans les Antilles l'occasion s'était offerte à nos commandants d'escadre d'agir avec
cette résolution! Mais le commandeur de Suffren allait se
révéler dans cette campagne le meilleur officier de mer que
possédât la France. Il faut dire aussi que les ordres commu-
niqués à cette époque par la cour et par le ministère de la
marine à tous les officiers commandant des flottes ou des escadres étaient formels et ne pouvaient prêter à aucune ambi_
guïté. « Sa Majesté, écrit le ministre, ne rendra pas les officiers généraux responsables des évènements malheureux qui
pourraient arriver, mais leur responsabilité sera engagée s'ils
n'emploient pas toutes les ressources que leur esprit ou leur
courage pourront leur inspirer pour rendre la campagne également utile et glorieuse aux armes du roi. »

Ainsi un officier énergique pouvait sans crainte oser des
actions périlleuses; on ne lui imputerait pas à crime de ne pas
réussir. Suffren se dirigea donc à toutes voiles vers la baie et
bientôt découvrit la division anglaise, forte de cinq vaisseaux,
de trois frégates, de trois bâtiments plus petits, et de trente-
cinq bâtiments de transport.

Johnstone, parti d'Angleterre le 13 mars, croyait que sa destination était restée inconnue; il ne s'attendait nullement à
être attaqué. Une partie de ses équipages était à terre, lorsqu'il
aperçut trois vaisseaux qui s'efforçaient de doubler la pointe
à l'entrée de la baie. Le signal fut aussitôt donné, et les Anglais
firent rapidement leurs préparatifs.

A onze heures du matin, le vaisseau le *Héros* que montait
Suffren arrivait sur les navires ennemis et engageait le feu
avec une extrême vivacité. Un second vaisseau, l'*Annibal*, suivit de près le *Héros;* mais les trois autres bâtiments de la
division française ne purent manœuvrer de façon à pénétrer

dans la baie ou en furent aussitôt repoussés par le vent et le courant, en sorte que le *Héros* et l'*Annibal* durent soutenir seuls le feu des cinq vaisseaux et des trois frégates de Johnstone, la mousqueterie dirigée des bâtiments de transport, enfin la canonnade des forts défendant l'entrée du port de la Praya.

Le combat était vraiment trop inégal. Au bout d'une heure le *Héros* et l'*Annibal* étaient dans un état pitoyable; Suffren sortit de la baie, fidèlement suivi par l'*Annibal*, qui dans cette manœuvre perdit les deux mâts qui lui restaient et rejoignit l'escadre, rasé comme un ponton. Il fallut le prendre à la remorque, et Suffren se hâta de faire voile vers le cap de Bonne-Espérance. Bien que le succès n'eût point répondu à son attente, il n'en avait pas moins obtenu un résultat fort appréciable. Quelques-uns des vaisseaux de Johnstone étaient assez maltraités pour que cet officier n'osât pas poursuivre son ennemi. Il resta donc quelques jours à la Praya pour réparer ses avaries. Quand il arriva au Cap, il trouva la colonie mise en bon état de défense par Suffren, et, après avoir capturé quelques navires de commerce hollandais richement chargés, reprit la route de l'Angleterre.

Suffren alla rejoindre en octobre le comte d'Orves à Port-Louis dans l'île de France.

La rade de Port-Louis présenta pendant deux mois, d'octobre à décembre 1781, le spectacle d'une activité extraordinaire. Les approvisionnements avaient été débarqués, on se hâtait de réparer les avaries du *Héros* et de l'*Annibal;* on mettait les autres bâtiments, et surtout ceux de la division du comte d'Orves, en état de prendre la mer pour une longue campagne. Il s'agissait de se porter en force sur la côte de Coromandel et de combiner quelque opération contre les forces anglaises avec le sultan du Mysore, Hyder-Ali, que le comte d'Orves n'avait pu secourir au commencement de la même année. Le 17 décembre, tout étant prêt, l'armée sortit de la rade de Port-Louis : dix vaisseaux, cinq frégates et huit transports, avec plus de dix mille hommes d'équipage et de troupes. Le comte d'Orves commandait en chef, mais il mourut quelques semaines plus tard, et Suffren resta seul maître de cet armement, le plus important que notre pavillon eût jamais couvert dans ces parages.

L'année 1782 était commencée, quand les opérations de l'escadre débutèrent heureusement par la prise du vaisseau anglais l'*Hannibal*, de cinquante canons, qui faisait route pour Madras. C'était un vaisseau de plus à joindre aux dix dont pouvait déjà disposer Suffren. Celui-ci parut donc, plein de confiance, le 15 février, devant Madras, où il savait que l'amiral anglais Hughes ne pouvait lui opposer que neuf vaisseaux.

CHAPITRE XXV

TROIS COMBATS : MADRAS, CEYLAN, NEGAPATAM

Premier combat, 17 février 1782, devant Madras. — Suffren n'est pas satisfait de quelques-uns de ses capitaines. — Il prend la résolution de rester toute l'année sur la côte de Coromandel. — Convention avec Hyder-Ali. — Deuxième combat, 12 avril 1782, sur la côte de l'île de Ceylan. — Succès peu décisif. — Une nuit fertile en incidents. — Suffren retrouve son convoi. — Prise de Goudelour. — Troisième combat, 6 juillet 1782, près de Negapatam. — Suffren se décide à renvoyer plusieurs de ses capitaines.

La rencontre des deux flottes eut lieu entre Madras et Pondichéry, à peu de distance du rivage. La brise était si faible, que les deux flottes eurent beaucoup de peine à se rapprocher l'une de l'autre ; près de quarante-huit heures furent passées en de savantes manœuvres. Enfin le 17, vers quatre heures du soir, les premiers coups de canon furent tirés entre le *Héros* monté par Suffren et le *Superb* monté par l'amiral Hughes. Les escadres se trouvaient ainsi disposées que Suffren pouvait jeter toutes ses forces contre six des vaisseaux de l'ennemi composant l'arrière-garde. Si ses capitaines se montraient intelligents et actifs, c'en était fait de l'escadre ennemie. Malheureusement les signaux du vaisseau amiral ne furent pas compris, ou bien quelques officiers ne montrèrent pas toute l'énergie qu'on aurait pu attendre d'eux.

Ce qui est certain, c'est que plusieurs bâtiments, au lieu de doubler l'arrière-garde ennemie pour la prendre entre deux feux, ce qui aurait amené sa destruction, se tinrent constamment hors de la portée du tir, et ne prirent aucune part au combat, qui, par suite, resta indécis. A six heures et demie la canonnade se ralentit. Malgré tout, Suffren avait si bien pris ses mesures et inspirait à tous ses équipages une telle ardeur, que, tandis que nos bâtiments avaient perdu relativement peu de monde, la perte de l'ennemi s'élevait à près de cent trente hommes hors de combat. Le *Superb* et un autre vaisseau anglais, l'*Exeter*, dont les capitaines avaient été tués, étaient dans un état de délabrement complet. Quand le jour se leva le lendemain sur ce champ de bataille maritime, Suffren était prêt à recommencer le feu, mais l'escadre anglaise avait disparu.

En fait, cinq capitaines sur douze n'avaient pas fait tout leur devoir. Soit ignorance, soit mollesse, ils avaient fait perdre l'occasion d'un beau triomphe, et Suffren les aurait immédiatement renvoyés en France, s'il avait eu sous la main d'autres officiers capables de commander des vaisseaux. Mais, et c'était là une des grosses difficultés de la situation où il se trouvait, Suffren ne devait compter que sur ses propres ressources, la France étant trop loin pour qu'il pût faire savoir à temps au ministre ses projets et obtenir de lui les renforts en personnel et en matériel qui lui auraient été nécessaires. Dès le lendemain du combat du 17 février, Suffren avait en effet résolu que, rompant avec les procédés habituels et même en violation des instructions qui lui avaient été données, il ne quitterait plus les parages de l'Inde tant que durerait la guerre, avant d'avoir détruit l'escadre de sir Hughes.

Pour l'instant, Suffren avait autre chose à faire qu'à poursuivre l'ennemi. Il devait se montrer devant Pondichéry, menacer les Anglais à Goudelour, entrer en communication avec Hyder-Ali pour l'empêcher de faire la paix avec les Anglais qui venaient de le battre, enfin retrouver son convoi,

disparu pendant le combat du 17 février, et s'occuper de se
créer des moyens de ravitaillement sur cette côte, où nous
n'avions ni port, ni magasins, ni un point quelconque où
une escadre pût se réfugier ou réparer ses avaries.

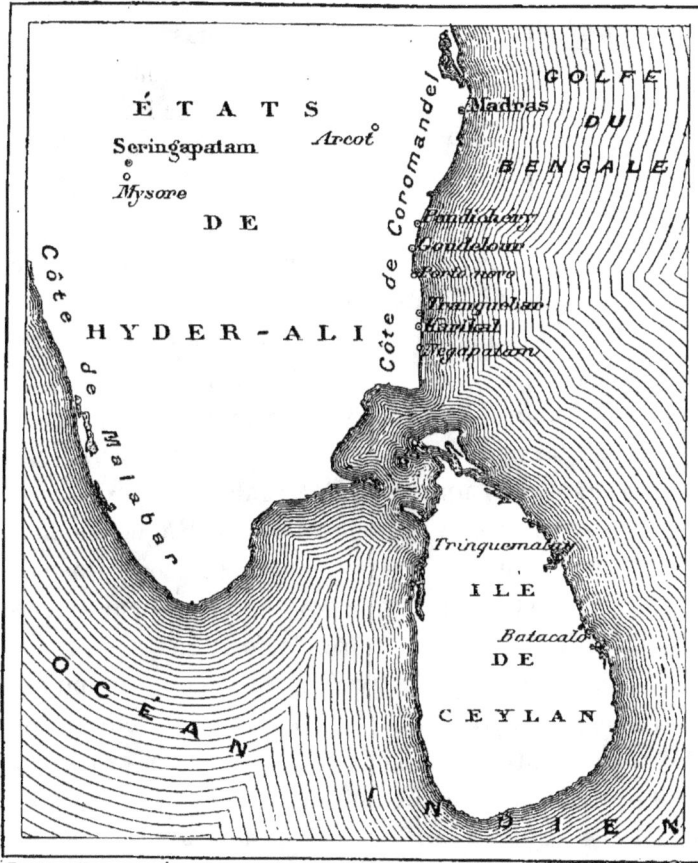

INDE MÉRIDIONALE.

A Porto-Novo, au sud de Goudelour, Suffren conclut avec le
sultan du Mysore, Hyder-Ali, une convention aux termes de
laquelle le commandant français mettait à la disposition du

prince indien un corps de troupes que celui nourrirait. Hyder-
Ali devait en outre fournir à l'escadre des vivres et de l'argent, et plus tard, à la paix, il donnerait à la France une
large étendue de territoire. Les troupes françaises formant le
corps expéditionnaire furent immédiatement débarquées sous
les ordres du général Duchemin. Suffren ramassa des vivres
pour compléter ses approvisionnements qui s'épuisaient; il
engagea des Cafres et des lascars pour combler les vides de
ses équipages; il écrivit à l'île de France pour demander du
matériel, et au ministre de la marine afin que celui-ci lui
envoyât promptement des convois de ravitaillement ainsi que
quelques frégates doublées en cuivre pour inquiéter le
commerce de l'ennemi. Toutes ces opérations terminées, il
reprit la mer vers le milieu de mars et se mit en quête de
la flotte anglaise.

L'escadre de l'amiral Hughes fut aperçue le 9 avril, venant
du sud, où elle avait été rejointe par deux vaisseaux dont
l'adjonction établissait une complète égalité de force entre
les deux armées navales en présence. L'amiral Hughes se dirigeait vers Trinquemalay, excellent point de relâche, situé sur
la côte orientale de Ceylan, et que les Anglais avaient récemment enlevé aux Hollandais. Suffren courut sus à l'escadre
britannique et l'atteignit le 12 avril, avant qu'elle eût pu entrer à Trinquemalay. Le combat fut brillamment soutenu de
part et d'autre, bien que cette fois encore quelques capitaines
n'eussent pas tenu tout ce que Suffren attendait d'eux. Il avait
donné des ordres pour une attaque à fond avec ses douze
vaisseaux, et plusieurs de ceux-ci restèrent longtemps éloignés de l'ennemi; cependant le *Héros* avait de nouveau couvert de boulets son adversaire du 17 février, le *Superb*, et il
avait en même temps tellement maltraité le *Monmouth*, qu'il
s'en fallut de peu que ce vaisseau ne tombât en sa possession.
Les Anglais purent toutefois le remorquer hors de la ligne de
bataille.

Pendant le combat, le vent avait peu à peu poussé les deux flottes contre la côte, et Suffren n'eut conscience du péril qui le menaçait que lorsqu'un de ses bâtiments signala quatorze brasses de fond. On manœuvra, mais sans grand résultat, pour s'éloigner de la terre; un bâtiment toucha plusieurs fois; deux ou trois autres n'étaient guère en état de marcher : la nuit était venue; il fallut mouiller là où l'on se trouvait. Le *Héros*, vaisseau amiral, avait soutenu le principal effort de la journée, et les manœuvres y étaient devenues si difficiles, que Suffren avait dû passer à bord d'un autre navire. Fort inquiet de son cher bâtiment, il apprit, une fois l'escadre au mouillage, que le *Héros*, ayant perdu ses agrès et ne pouvant plus virer, avait été porté presque au milieu de la flotte anglaise. Du bord on entendait, au milieu de la nuit noire, les voix des matelots anglais sur des bâtiments à l'ancre tout près de là. Sur l'ordre de Suffren, une frégate vint, malgré l'obscurité, jeter une amarre au *Héros* pour le remorquer en lieu plus sûr; mais un autre vaisseau français, qui était encore sous voiles, cassa la remorque, et la frégate s'en alla aborder un vaisseau anglais. « On entendit, raconte un témoin de ces évènements, des voix anglaises et françaises se disputer, mais tout se passa en paroles. » Vers dix heures du soir, le temps s'éleva, et le *Héros* put venir jeter l'ancre près de l'*Ajax*, où se tenait Suffren. La frégate courut de nouveaux risques. Après son abordage avec le bâtiment anglais, elle alla s'échouer près du rivage et le feu éclata dans son entrepont. Mais ce commencement d'incendie fut éteint et la frégate se déséchoua. Un aide-major de l'escadre, qui se trouvait sur la frégate au moment de l'abordage, et qui avait des ordres à porter à divers vaisseaux, s'éloigna dans son canot pour rejoindre l'*Ajax;* se trompant de direction, il s'en alla accoster un navire anglais et fut naturellement fait prisonnier.

Suffren respira plus librement quand le jour dissipa enfin les ténèbres de cette nuit fertile en incidents. S'il avait fait

grand vent du large, l'escadre eût été perdue; il est vrai que
les Anglais auraient eu le même sort. Les deux flottes étaient
mouillées à trois kilomètres l'une de l'autre. Mais il y avait
des deux côtés tant à réparer, qu'on ne songeait guère à recommencer le combat. Cependant quatre jours plus tard on
en avait fini avec les avaries les plus sérieuses; les Anglais se
tenaient toujours en vue et Suffren était bien tenté de faire
parler de nouveau la poudre. Mais précisément il manquait
un peu de poudre et aussi de boulets et de matelots; si brave
et résolu qu'il fût, il était trop habile capitaine pour risquer
de tout perdre en cas d'insuccès. Laissant là l'ennemi, il s'en
fut à Batacalo (île de Ceylan), où son convoi, enfin retrouvé, lui
fournit du matériel et du personnel de rechange dont il
avait si grand besoin, car le combat de l'île de Ceylan, 12 avril,
avait détruit force mâts et cordages, et diminué les équipages
de cinq cents hommes tués ou blessés. La perte de l'ennemi
s'élevait à près de six cents hommes; sur le *Monmouth* et le
Superb, le carnage avait été terrible; les boulets français
avaient fauché cent cinquante hommes sur chacun de ces
vaisseaux.

La frégate qui escortait le convoi avait fait de son côté
une besogne utile, en s'emparant d'une douzaine de bâtiments
de commerce anglais et d'une corvette. Suffren envoya vendre
ses prises à Tranquebar (comptoir appartenant aux Danois sur
la côte de Coromandel); un seul des bâtiments fut vendu cinq
cent mille francs. Cet argent servit à acheter des approvisionnements de toute sorte à Tranquebar même et chez les Hollandais, sur divers points de la côte de Ceylan. Lorsque l'œuvre
du ravitaillement fut suffisamment avancée, Suffren se dirigea vers la côte de Coromandel en passant devant Trinquemalay, où les Anglais achevaient leurs réparations.

A Tranquebar, il apprit que le corps expéditionnaire français commandé par le général Duchemin avait enlevé Goudelour aux Anglais le 3 avril, et il vint mouiller devant cette

place en juin. Ses croiseurs faisaient d'importantes prises en pleine mer sur le passage de Madras à Ceylan. Ils ramenèrent un jour deux transports anglais, dont l'un portait seize canons ; on en prit un autre ayant à son bord tout un matériel d'artillerie de siège, un autre chargé de riz et de blé. Suffren stimulait le zèle de ses officiers et une activité extraordinaire régnait par toute l'escadre. Grâce aux croiseurs, la disette des derniers temps commençait à faire place à l'abondance sur tous les navires.

Il s'agissait maintenant de concerter quelque opération avec Hyder-Ali. Suffren fit proposer à ce prince une attaque combinée par terre et par mer contre Negapatam (port hollandais de la côte du Carnatic au sud de Goudelour), dont les Anglais s'étaient emparés. Le prince indien était malheureusement fort irrité contre le général Duchemin, qui l'avait mal secondé ; mais il conservait pour Suffren une vive admiration et une grande amitié et lui promit son concours par terre. La garnison de Goudelour fournit à la flotte un contingent de cipayes et quelques détachements d'Européens ; le 3 juillet, Suffren mit à la voile pour Negapatam, où il savait qu'il allait rencontrer pour la troisième fois l'amiral Hughes.

Le 5, en effet, l'ennemi fut signalé. Le lendemain à onze heures, après de nombreuses manœuvres qui avaient occupé toute la veille et la matinée, l'avant-garde ennemie étant à portée de canon, Suffren fit ouvrir le feu. Les deux escadres se heurtèrent, onze vaisseaux contre onze. Pendant deux heures le combat se poursuivit avec une égale furie, et déjà plusieurs bâtiments avaient beaucoup souffert. A ce moment une bourrasque s'éleva qui mit les deux escadres en grand désordre. Trois vaisseaux anglais jetés contre les nôtres par la violence du coup de vent furent canonnés avec une telle vigueur, qu'ils ne purent qu'à grand'peine rejoindre le reste de l'escadre qui avait au plus vite quitté le champ de bataille. C'était un nouveau succès pour Suffren, mais un succès un peu négatif, car, par suite du désordre que la saute de vent avait mis dans sa ligne, il ne put pousser à fond son attaque sur l'avant-garde ennemie et, cette fois comme les précédentes, il dut se résigner à ne pouvoir capturer aucun vaisseau anglais, et s'estimer heureux d'avoir encore causé de telles avaries aux bâtiments de son adversaire que, celui-ci pendant quelque temps se trouva hors d'état de combattre.

Au plus fort du combat, Suffren avait éprouvé une cruelle émotion. Il avait aperçu tout à coup un de ses bâtiments, le *Sévère*, engagé presque corps à corps avec le *Sultan*, amener son pavillon.

Rien en pouvait expliquer une telle défaillance, car, des deux navires, le plus menacé était assurément le *Sultan*, et en effet celui-ci avait à peine achevé de virer de bord, qu'il se hâtait de rejoindre l'escadre anglaise en pleine retraite. Sans aucun doute, une drisse de pavillon s'était brisée et les couleurs nationales allaient reparaître sur ce bâtiment que rien ne mettait en péril. Aussi bien Suffren n'avait-il pas encore eu le temps de donner les ordres nécessaires pour aller à la rescousse, que déjà le drapeau français flottait de nouveau sur le *Sévère*. Ce n'est que quelques jours plus tard que Suffren apprit la vérité sur cet incident. Le capitaine du *Sévère*, M. de Cillart, dans un moment de désarroi et d'effarement, avait bien réellement amené son pavillon; mais ses officiers lui avaient déclaré avec indignation qu'ils continueraient de combattre, et le capitaine, cédant à ces remontrances, avait fait rehisser le drapeau. Suffren se mit dans une belle colère quand il connut les détails de cette singulière affaire. Décidément il en avait assez de ces capitaines indolents, incapables, ignorants, qui trois fois lui avaient dérobé l'occasion de détruire l'escadre ennemie. Il ordonna à M. de Cillart, du *Sévère*, de retourner immédiatement en Europe comme passager. Du même coup il enleva leur commandement à deux autres capitaines dont il était fort mécontent. Un quatrième quitta son vaisseau pour raison de santé.

Ces exécutions faites, M. de Suffren reprit son sang-froid et sa bonne humeur ; laissant là les regrets pour le passé, il ne songea plus qu'à se préparer à de nouvelles entreprises.

Le combat du 6 juillet avait été très meurtrier pour l'escadre française ; nous avions perdu près de huit cents hommes ; c'était un haut prix pour les avaries que nos boulets avaient faites sur les vaisseaux ennemis. Les dégâts matériels, moins considérables sur nos bâtiments, exigeaient pourtant de fortes réparations. D'une attaque sur Négapatam il ne pouvait plus être question dans l'état de dénuement et de faiblesse où l'on se trouvait réduit; Suffren revint devant Goudelour.

CHAPITRE XXVI

PRISE DE TRINQUEMALAY

Comment Suffren répare ses vaisseaux. — Les choses vont mal sur la côte. — Hyder-Ali très découragé. — Suffren diplomate. — On attend des secours de France. — Suffren, voulant absolument avoir un port, se décide à en prendre un aux Anglais. — Il leur en prend un, Trinquemalay. — Quatrième combat, 3 septembre 1782, devant le port de Trinquemalay. — Suffren en péril pendant plusieurs heures. — Désolé de n'avoir pu encore détruire l'escadre de l'amiral Hughes, Suffren renvoie de nouveau quelques capitaines.

A Goudelour, on se mit à l'œuvre avec une énergie extra-ordinaire. Il faut se représenter le spectacle qu'offrait alors cette escadre mouillée non dans un port sûr où elle eût procédé tranquillement à ses opérations, mais dans une rade ouverte à tous les vents, où un ennemi pouvait apparaître à tout instant. Là, point de bassin de radoub, point de magasins; pas de bois pour remplacer les mâts abattus. « Que les frégates, dit Suffren, donnent leurs mâts aux vaisseaux et prennent ceux des corvettes. » Il fallut bien se tirer d'affaire par des expédients de ce genre : le commandant de l'escadre voulait quitter Goudelour au plus vite. On travailla jour et nuit sur tous les bâtiments.

La situation de Suffren était vraiment étrange en ce moment. Simple capitaine de vaisseau (car s'il exerçait en fait le commandement de chef d'escadre, il ignorait encore que ce grade lui avait été conféré aussitôt qu'avait été connu à Paris le combat de la Praya), il avait assumé la responsabilité très grave d'une désobéissance formelle à ses instructions en persistant à rester sur les côtes de l'Inde alors qu'il aurait dû retourner à l'île de France. Il était là depuis six mois, et aucun renfort ne lui était encore parvenu. Nous avons vu comment il se ravitaillait; des vivres, il en trouvait encore sans trop de peine; mais les vides que la mitraille anglaise et la maladie faisaient dans ses équipages, comment les combler? Un autre au moins eût cherché à préserver son escadre de tout péril en évitant de combattre. Suffren n'avait qu'une passion : fondre sur l'ennemi, quoi qu'il pût arriver. Ses dispositions prises, il engageait toutes ses forces; le combat terminé et l'ennemi disparu, on comptait les morts, on déposait les blessés sur la côte et les vaisseaux réparaient en toute hâte leurs avaries. A peine l'escadre était-elle à peu près remise en état, non de tenir la mer puisqu'elle la tenait toujours, mais de reparaître devant l'ennemi, vite une nouvelle bataille. C'était un rude service que celui de la campagne de l'Inde sous M. de Suffren.

Pendant qu'on faisait ainsi des prodiges d'activité à bord de l'escadre, les affaires allaient fort mal sur la côte. Les troupes du corps expéditionnaire continuaient à garder Goudelour et ne rendaient aucun service au sultan du Mysore, qui, de plus en plus découragé, sans cesse battu, à peu près abandonné par ses alliés les Mahrattes, désespérant d'obtenir un secours sérieux de France, songeait décidément à traiter avec les Anglais. Cependant, quand il sut que Suffren était à Goudelour, il rassembla toutes ses forces éparses et traversa cinquante lieues de pays à la tête de quatre-vingt mille hommes pour conférer avec le héros qui faisait retentir tout le continent de l'Inde du bruit glorieux de ses exploits sur mer. Le grand Français, accueilli dès son entrée au camp de Hyder-Ali par les plus vives démonstrations de respect et d'admiration, fut reçu en grande pompe par le sultan, qui lui fit part de ses incertitudes et des périls dont il se sentait menacé. Heureusement Suffren venait d'être avisé que des secours lui arrivaient de l'île de France et que, de la métropole, le ministre de la marine avait expédié un puissant convoi portant cinq mille hommes de troupes. Il put communiquer ces bonnes nouvelles à Hyder-Ali, et le décida à rester fidèle à notre alliance. Suffren n'était pas seulement, on le voit, un excellent homme de guerre, c'était en outre un bon diplomate.

Toutes choses étant bien conclues avec Hyder-Ali, il fallait maintenant aller au-devant des secours annoncés, puis, avec une escadre bien ravitaillée et fortifiée par quelques adjonctions, on se porterait rapidement sur un point que Suffren visait depuis quelque temps déjà, sur Trinquemalay, que les Anglais avaient pris à la Hollande et qui était leur seul port dans le sud du golfe de Bengale. Le 1er août, l'escadre mit à la voile de Goudelour, après avoir emprunté à la garnison de cette place un détachement de six cents hommes et des canonniers. Le 9, on mouillait à Batacalo, petite baie située sur la côte orientale de l'île de Ceylan, à quelque distance au sud de Trinquemalay. Le 11, il arriva une aventure fort désagréable à la frégate la *Bellone*, qui était en croisière sur la côte. Ce navire était commandé par un neveu du commandeur de Suffren, le lieutenant de vaisseau de Pierrevert. Ayant aperçu une frégate anglaise moins forte que la sienne, cet officier lui donna la chasse, espérant ramener à son oncle une glorieuse capture. Mais à peine les deux bâtiments étaient-ils à portée de pistolet qu'un feu terrible de mousqueterie et de mitraille partit du navire anglais, dégréa sur-le-champ la *Bellone* et tua le lieutenant ainsi que l'officier auxiliaire. Un grand désordre se mit dans l'équipage de notre frégate, qui perdit en moins d'une heure quarante hommes, et, n'étant plus commandée, laissa échapper le bâtiment ennemi. On put constater ainsi une fois de plus combien la marine anglaise était supérieure à la nôtre pour tout ce qui concerne les détails d'armement des bâtiments, la protection des troupes à bord et l'efficacité de l'artillerie. Dans la bataille des Saintes, perdue en avril 1782 par le comte de Grasse, nos équipages avaient beaucoup souffert du feu des caronades, petites pièces d'un gros calibre récemment inventées, dont l'effet était extrêmement meurtrier à portée de mousqueterie et qui, de plus, dégréaient en fort peu de temps les bâtiments. La marine anglaise avait été pourvue de ces nouveaux engins. Or il est curieux de noter que Suffren, avant la guerre, avait proposé au département de la marine une innovation du même genre, qui ne fut pas adoptée. En 1779, armant un vaisseau à Toulon, il écrivit de nouveau au ministre : « Je crois qu'on devrait embarquer des obusiers, en les plaçant sur la dunette, d'où ils feraient une exécution terrible, s'ils étaient chargés à mitraille. Je demanderais à en faire l'expérience. Pour cela on pourrait en emprunter deux à la guerre, et, suivant le succès, on déciderait si on doit les adopter ou les rejeter. » L'expérience ne fut pas tentée et on le regretta souvent pendant la guerre de 1778-83.

Mais revenons à Batacalo, où Suffren attendait les renforts et les convois dont l'arrivée lui avaient été annoncée, et qui avaient déjà atteint la pointe sud de l'île de Ceylan. Le 21 août, il eut la satisfaction de voir entrer dans la baie deux vaisseaux, une corvette, et sept bâtiments de transport, portant des vivres, des munitions et six cents hommes d'infanterie. Le temps pressait, il fallait arriver à Trinquemalay avant les Anglais, toujours occupés à réparer à Madras les avaries qu'avait causées à leur flotte le combat du mois précédent. En deux jours les vivres et le matériel furent transbordés, les hommes de troupes répartis sur les vaisseaux ; le 24 on mettait à la voile ; le 25 l'escadre française paraissait devant Trinquemalay.

Suffren débarque immédiatement deux mille trois cents hommes ; des batteries sont élevées contre les deux forts qui défendent la ville. On les arme avec des pièces fournies par nos bâtiments ; ces préparatifs demandent quatre jours ; le 29 on ouvre le feu avec la plus grande vigueur ; le 30 le fort Trinquemalay capitule : le fort d'Ostinbourg en fait autant le lendemain. Les deux garnisons avaient obtenu les honneurs de la guerre ; Suffren, qui craignait à tout instant de voir apparaître la flotte de l'amiral Hughes à l'horizon, ne s'était pas attardé à discuter les conditions ; et d'ailleurs ce brillant succès, qui en six jours nous donnait un port, c'est-à-dire ce que notre escadre avait en vain cherché depuis six mois, un abri offrant quelque sécurité, ne nous avait coûté que vingt-cinq hommes tués ou blessés.

Il était heureux que cette entreprise eût été menée avec une telle énergie, car il s'était à peine écoulé deux jours depuis la prise des forts, et on avait eu strictement le temps d'opérer le rembarquement du matériel et du personnel, quand l'escadre anglaise fut signalée au large. C'est maintenant qu'allait se décider le sort de notre conquête. Mais Suffren avait quatorze vaisseaux, tandis que son adversaire n'en avait que douze. Le commandant de notre escadre pouvait donc compter sur une éclatante victoire, et il l'eût obtenue sans aucun doute, si cette fois encore, comme en juillet, il n'avait eu à regretter que plusieurs de ses officiers ne fussent pas à la hauteur de leurs devoirs.

Le 3 septembre, l'amiral Hughes se dirigeait à pleines voiles sur le port de Trinquemalay, lorsqu'il s'aperçut, à sa grande surprise, que le pavillon français flottait sur les forts. Il ralentit alors sa marche et, voyant sortir de la baie l'escadre de Suffren, prit ses dispositions pour n'accepter le combat que dans la soirée, pensant que la nuit couvrirait sa retraite s'il était battu.

Suffren, impatient d'engager le feu, commit peut-être l'imprudence de ne pas attendre que sa ligne fût régulière-ment formée ; la brise était forte et nos bâtiments ne marchaient pas tous également bien : les vaisseaux se suivaient

LE « HÉROS ».

sans beaucoup d'ordre, à une assez grande distance les uns des autres. Le *Héros*, que montait le général, et qui voguait

en tête, commença trop tôt à tirer ; il résulta de ces divers
incidents que la lutte ne fut pas livrée avec cette précision et
cette sûreté de manœuvres qui auraient pu assurer le succès.
La fumée ayant couvert promptement le champ de bataille,
plusieurs vaisseaux se trouvèrent au bout de peu de temps
groupés non loin de l'avant-garde anglaise, mais dans une
position telle, qu'ils se gênaient les uns les autres et ne pouvaient faire que peu de mal à l'ennemi, pendant que le reste
de l'escadre était au loin et ne rendait point de services. Le
vaisseau amiral et ses deux voisins supportaient seuls l'effort
de la lutte et recevaient le feu de sept ou huit bâtiments
ennemis ; tout le bénéfice de notre supériorité numérique se
trouva ainsi perdu. Pour surcroît de malechance, un calme
survint qui tint quelque temps tous les navires immobiles.
Suffren se voyait abandonné ; le *Héros* succomberait sans
doute avant que le retour de la brise permît aux divers tronçons de l'escadre de se rejoindre. Vers six heures du soir (la
canonnade durait depuis deux heures de l'après-midi), le
vaillant navire avait perdu son grand mât, ses voiles étaient
hachées, ses cordages coupés ; il ne pouvait plus gouverner ;
et les deux autres bâtiments n'avaient pas un meilleur sort.
Enfin à six heures et demie le temps fraîchit ; le vent se leva
et les bâtiments restés en arrière purent arriver sur le lieu
du combat. Les Anglais, qui de leur côté avaient beaucoup
souffert, prirent le parti de s'éloigner, et comme ils n'avaient
plus de port, ils durent rentrer à Madras pour procéder à
d'urgentes réparations.

La journée était loin de finir comme Suffren l'avait espéré ;
au lieu de gagner une victoire éclatante, il avait tout au plus
réussi à tenir l'ennemi en échec pendant quelques heures ;
nous avions perdu plus de monde que l'escadre anglaise,
qui comptait cependant trois cents tués et blessés. Un résultat décisif, il est vrai, avait été atteint : l'amiral Hughes
s'était éloigné et Trinquemalay nous restait. Le commandeur

de Suffren n'en était pas moins désolé de la ruine de ses espérances, et il s'en prit très vivement, et sans doute avec un peu d'injustice, à la plupart de ses capitaines. On retrouve un écho de ses regrets dans une lettre adressée au ministre de la marine : « Je viens de manquer l'occasion de détruire l'escadre anglaise. J'avais quatorze vaisseaux et la *Consolante* que j'avais mise en ligne. L'amiral Hughes évitait sans fuir, ou pour mieux dire fuyait en ordre… Ce ne fut qu'à deux heures de l'après-midi que je pus le joindre. Ma ligne à peu près formée, j'attaquai et fis le signal d'approcher… On n'approcha point. Il n'y a eu que le *Héros*, l'*Illustre* et l'*Ajax* qui aient combattu de près et en ligne. Les autres, sans égard à leurs postes, sans faire aucune manœuvre, ont tiraillé de loin, ou, pour mieux dire, hors de portée de canon… » Et de Suffren raconte pourquoi on ne peut rien attendre d'officiers qui ont été longtemps à l'île de France ; habitués dans ce poste à s'occuper d'affaires lucratives, ils n'ont qu'une pensée, y revenir au plus vite ; aussi la décision prise par Suffren rester dans l'Inde les a-t-elle fort contrariés, et ils ont employé mille petites ruses pour la lui faire abandonner. « Il est affreux d'avoir pu quatre fois détruire l'escadre anglaise et qu'elle existe toujours. » Mais aujourd'hui Suffren n'hésite plus ; quatre des capitaines ayant demandé à quitter leurs vaisseaux, il se hâte d'accéder à cette requête, et il serait également disposé à en faire partir d'autres, s'il avait des remplaçants ; mais ses ressources en personnel sont encore plus restreintes que ses ressources en matériel.

Cependant Suffren n'était pas homme à s'abandonner longtemps au dépit et à la colère. Après le premier moment de mauvaise humeur, il rendit meilleure justice à ceux de ses officiers qui avaient réellement fait leur devoir et s'étaient acquittés avec zèle de leur commandement. Nous n'avons pas besoin de dire que lui-même, pendant tout le combat du 3 septembre, avait montré sur le pont du *Héros* un courage admirable, ayant vu tomber autour de lui plus de cent hommes de son équipage.

Entrons maintenant dans le port de Trinquemalay; partout s'offre aux yeux le spectacle de la plus merveilleuse activité. Tous les équipages de l'escadre sont à l'œuvre; il faut en quelques jours réparer des avaries, hélas! trop sérieuses. Bientôt les mâts se dressent de nouveau sur les coques remises à neuf; tout est prêt et l'on se rend en hâte à Goudelour, où le corps expéditionnaire français devait se trouver assiégé par la petite armée anglaise de sir Eyre Coot. Quand Suffren parut devant la place, la garnison ne courait plus aucun péril. A la nouvelle de notre demi-succès du 3 septembre, le général sir Eyre Coot avait repris le chemin de Madras. Les canons du *Héros*, de l'*Illustre* et de l'*Ajax*, le 3 novembre, n'avaient donc pas seulement assuré la conquête de Trinquemalay, mais encore délivré Goudelour de toute attaque pendant quelques mois.

La campagne était finie. Suffren, qui attendait d'importants renforts de l'île de France, reçut avis que la division navale qui lui amenait un convoi irait le rejoindre à Achim, port hollandais situé à l'extrémité nord-orientale de l'île de Sumatra. Ce point formait une assez bonne station, d'où l'on pouvait surveiller à la fois Ceylan, la route de l'île de France et la côte de Coromandel. Le 2 novembre l'escadre était donc à Achim; on avait laissé à Trinquemalay un détachement de plus de deux mille hommes.

CHAPITRE XXVII

VICTOIRE DEVANT GOUDELOUR. — LA PAIX

Suffren à Achim ; Hughes à Bombay. — Croisière en janvier 1783 dans le golfe
du Bengale. — Prise d'une frégate anglaise. — Mort de Hyder-Ali ; son fils
Tippo-Saïb hérite de sa haine contre les Anglais. — Suffren reçoit des renforts.
— Les troupes à peine débarquées sont assiégées dans Goudelour. — Cinquième
combat, 20 juin 1783, devant Goudelour. Cette fois l'amiral Hughes est fran-
chement battu. — Les premières nouvelles de la paix. — Le retour du bailli
de Suffren dans sa patrie n'est qu'un long triomphe. — Parti capitaine, il
revient vice-amiral.

Les renforts ne se hâtaient pas d'arriver. Depuis le commencement de l'année deux convois avaient quitté la France
pour l'Inde ; les Anglais en avaient capturé un ; l'autre marchait avec une lenteur désolante ; des quatre vaisseaux composant son escorte, il y en avait un qui prenait tant d'eau qu'il
avait failli couler plusieurs fois dans le trajet ; un autre ne
valait guère mieux. « On devrait bien, écrit Suffren au ministre, recommander l'activité, dont on n'a plus l'idée. M. de
la Bourdonnais partit de Lorient en avril, fut à l'île de France
le 14 août, y arma ses vaisseaux en guerre, en partit le 21, et
il était à la côte (dans l'Inde) le 28 septembre. Notre division
(le convoi attendu à Achim) est partie en février ; elle n'est
pas aux îles aujourd'hui 10 octobre. »

Suffren avait d'autant plus de raison de se plaindre que l'amiral Hughes, plus heureux et mieux secondé par son gouvernement, venait de voir ses forces se grossir de six vaisseaux. Cette division, qui avait quitté l'Angleterre en février, et séjourné d'avril à juin à Rio de Janeiro, parut en octobre devant Madras, mais n'y trouva pas l'escadre anglaise, qu'une tempête avait fort maltraitée et rejetée dans le Sud, et que l'amiral Hughes avait cru prudent de conduire à Bombay. C'est dans ce port que vint le retrouver l'amiral Bickerton et ses six vaisseaux. Pendant que la flotte anglaise devenait forte ainsi de dix-sept bâtiments de ligne, Suffren apprenait que les équipages du convoi, arrivé enfin à l'île de France, étaient décimés par une épidémie ; il apprit encore que M. de Bussy, l'ancien compagnon de gloire de Dupleix, l'homme qui avait tenu pendant plusieurs années tout le Dekkan sous l'influence française, désigné pour prendre le commandement de toutes les forces de terre et de mer dans l'Inde, était malade à l'île de France et ne savait pas à quelle époque il pourrait arriver à Achim. Las d'attendre vainement, et voyant bien qu'il lui fallait se tirer seul d'affaire, Suffren quitta définitivement Achim dans les derniers jours de 1782 et se dirigea vers le nord, afin de faire quelques prises fructueuses dans le golfe du Bengale. Il n'avait que douze vaisseaux à opposer aux dix-huit de l'amiral Hughes ; mais il savait ceux-ci à Bombay, et, pour quelque temps, il était maître de la mer.

L'escadre s'empara, dans la partie nord du golfe, de bon nombre de bâtiments marchands chargés de riz ; elle prit même une frégate. Celle-ci, portant le nom de *Coventry* et commandée par le capitaine Wolseley, s'était avancée droit sur nos vaisseaux, qu'elle prenait pour une flotte anglaise de commerce ; croyant cette flotte menacée par un corsaire, elle arrivait à toutes voiles pour lui porter secours ; canonnée par plusieurs bâtiments à son arrivée près de l'escadre, et s'apercevant trop tard de sa fâcheuse erreur, elle ne crut pas devoir engager une lutte absolument disproportionnée et amena son pavillon.

Le capitaine Wolseley apprit à Suffren que son fidèle allié Hyder-Ali était mort en décembre 1782. Faisant voile aussitôt pour Goudelour, où cet évènement pouvait rendre opportune la présence de l'escadre, Suffren eut la satisfaction de constater que, grâce à la présence des troupes françaises au camp du sultan, Tippo-Saïb, fils de Hyder-Ali, bien qu'absent au moment de la mort de son père, qui l'avait envoyé guerroyer sur la côte de Malabar, avait été reconnu pour son héritier par l'armée et par les gouverneurs des provinces. Tippo-Saïb détestait les Anglais autant que son père les avait détestés; l'alliance de la France et du Mysore ne fut donc pas rompue. Le nouveau sultan promit même à Suffren, bien que les Anglais eussent envahi ses États par le sud-ouest et se fussent emparés de la résidence royale où se trouvaient réunis les trésors de son père, de ne pas quitter le Carnatic et d'y attendre l'arrivée désormais très prochaine du général de Bussy.

Le temps passait rapidement; M. de Bussy n'arrivait toujours pas; et l'amiral Hughes, qui sans doute avait déjà quitté Bombay, pouvait à tout instant faire sa réapparition sur la côté de Coromandel. Suffren laissant deux bâtiments en croisière devant Goudelour, résolut de mettre provisoirement son escadre en sûreté à Trinquemalay. Là il attendrait des nouvelles et formerait des plans suivant la qualité des renforts qui lui parviendraient de l'île de France. A Trinquemalay, il trouva des lettres du ministre de la marine; l'une d'elles lui apprenait sa nomination au grade de chef d'escadre pour sa conduite dans le combat de la Praya. Il trouva encore à Trinquemalay des bâtiments hollandais chargés de vivres, des prises faites par les frégates et un chargement, fort précieux pour lui, de bois de construction. Enfin, le 9 du mois de mars, quatre vaisseaux de guerre, trente-cinq bâtiments de transport, deux mille cinq cents soldats, et M. de Bussy, firent leur entrée dans le port. Suffren se hâta d'escorter ce corps d'armée et son général à Goudelour. Mais on put constater alors combien tant de retards avaient été préjudiciables à nos affaires sur la côte de Coromandel. En effet, Tippo-Saïb, ne voyant pas arriver les secours promis et averti que les Anglais faisaient de rapides progrès dans l'ouest de ses États avait quitté le Carnatic pour se rendre sur la côte de Malabar. Aussitôt l'armée anglaise de Madras avait repris l'offensive et contraint les troupes françaises, réduites à un trop faible effectif, à se renfermer dans Goudelour. De nouveau les murailles d'une place forte de troisième ordre constituaient les limites de nos possessions dans l'Inde.

La situation devenait de jour en jour plus critique pour notre escadre comme pour notre armée. A peine en effet M. de Suffren était-il rentré à Trinquemalay, que la frégate chargée de guetter l'arrivée de la flotte anglaise par le sud signala les dix-huit voiles de l'amiral Hughes. On sut en outre que les vaisseaux anglais portaient des troupes destinées à opérer dans le Carnatic, en sorte que, selon toute probabilité, M. de Bussy allait être attaqué dans Goudelour à la fois du côté du nord et du côté du sud par terre, et du côté de l'est par mer. Or M. de Bussy n'était plus le brillant officier d'autrefois : souffrant cruellement de la goutte, il pouvait à peine supporter le transport en palanquin, et Suffren craignait qu'il n'eût plus ni l'énergie ni les forces nécessaires pour parer aux difficultés et aux périls qui allaient l'assaillir.

Voulant prévenir M. de Bussy de l'arrivée de l'escadre anglaise et faire passer à nos divers bâtiments laissés en croisière devant Madras et d'autres points de la côte l'ordre de rallier le pavillon amiral, Suffren confia cette mission dangereuse à la frégate la *Naïade*, commandée par le capitaine de Villaret-Joyeuse. Celui-ci ne put malheureusement exécuter les ordres reçus. Le 14 avril il eut la fâcheuse fortune d'être aperçu par un vaisseau anglais de soixante-quatorze, le

Sceptre. Il lui servit peu de prendre la fuite, car sa frégate marchait mal, tandis que le *Sceptre* ne marchait que trop bien. Aussi fut-il atteint le soir, et immédiatement canonné.

Le combat dure toute la nuit, et la *Naïade* envoie à l'ennemi environ douze cents boulets. A quatre heures du matin, l'héroïque frégate est démâtée, n'a plus de gouvernail et trente-quatre hommes de son équipage sont tombés; Villaret-Joyeuse ne pense pas que son devoir lui commande de faire massacrer inutilement ce qui reste de ces braves gens, et il amène son pavillon. Le *Sceptre* le conduit à Madras, où les officiers anglais de terre et de mer lui font le plus gracieux accueil et le complimentent d'avoir livré un si beau combat.

Nous perdions une assez mauvaise frégate et un excellent officier; mais Suffren eut pour consolation la rentrée de tous ses bâtiments; il disposait maintenant de treize vaisseaux et il en avait deux de plus en réparation. Avec quinze voiles il pourrait engager la lutte contre l'amiral Hughes, mais il lui fallait plus d'un mois encore pour être prêt, et M. de Bussy réclamait avec instance des vivres, des munitions, l'envoi des bagages et de la partie du matériel d'artillerie laissés à Trinquemalay, enfin la présence de l'escadre sur la côte de Coromandel. Suffren, qui à ce moment redoublait d'activité et imposait à tous les équipages un surcroît d'ardeur et de travail, ne demandait pas mieux que de se signaler par de nouveaux services, mais ne voulait pourtant pas s'exposer à un désastre. Dans le courant du mois de mai, ses frégates signalèrent deux fois au large de Trinquemalay la flotte anglaise; celle-ci la première fois se dirigeait vers le sud. Suffren supposa que l'amiral Hughes avait voulu l'inciter à se rendre à Goudelour pendant que la route était libre. Lui parti, les Anglais auraient repris sans peine Trinquemalay, dont ils regrettaient vivement la perte. Si telle avait été l'intention du commandant de l'es-

cadre anglaise, il fut déçu dans son espoir, et le 31 mai, reve-
nant vers le nord, il eut un instant la pensée d'attaquer Suffren dans la baie même où celui-ci tenait ses navires em-
bossés. Mais notre position lui parut si forte, qu'il renonça
à cette attaque et se dirigea définitivement vers Goudelour et
Madras.

L'heure était venue de prendre des décisions graves. Tous
les vaisseaux de l'escadre avaient terminé leurs réparations.
Des dépêches de M. de Bussy ne laissaient aucun doute au
sujet des périls que couraient les troupes françaises sur la
côte de Coromandel; Tippo-Saïb était toujours occupé sur la
côte de Malabar; le général Stuart et sir Eyre Coot serraient
de près les troupes de M. de Bussy; avant peu on aurait à subir
un siège en règle. Le 10 juin, Suffren réunit en un grand conseil de guerre tous ses capitaines et leur exposa la situation.
Il n'y eut qu'un avis : combattre, malgré la disproportion des
forces, quinze vaisseaux contre dix-huit.

Le lendemain, 11 juin, Suffren sortait de Trinquemalay,
avec quinze vaisseaux, dont six seulement doublés de cuivre,
presque tous en mer depuis fort longtemps, et grossièrement
réparés. L'amiral Hughes avait dix-huit bâtiments presque
tous doublés de cuivre, excellents marcheurs, ayant passé
l'hiver à Bombay, où on leur avait fait subir les réparations
les plus complètes avec toutes les ressources d'un arsenal
admirablement approvisionné. C'était donc une grosse aventure que l'on allait courir.

Quarante-huit heures après son départ de l'île de Ceylan,
l'escadre aperçut la flotte anglaise devant Goudelour. Ce jour
même, notre armée subit sur terre un grand échec. M. de
Bussy, ayant perdu cinq cents hommes et douze canons, ne
pouvait plus tenir la campagne et était obligé de se renfermer
dans la ville. Mais Suffren n'apprit cette fâcheuse nouvelle
que quatre jours plus tard. Du 13 au 16, il manœuvrait pour
se rapprocher de l'ennemi, qui, de son côté, ne paraissait pas

trop disposé à engager la lutte. Le 16, l'action du vent avait modifié la position des deux flottes de telle façon que la française se trouva plus rapprochée de terre que l'anglaise. Suffren profita avec beaucoup d'habileté de cette circonstance pour se placer résolument entre la côte et l'ennemi, jeter l'ancre devant la place et entrer aussitôt en communication avec M. de Bussy. Cette manœuvre si heureusement exécutée en présence d'un ennemi supérieur en nombre eut un résultat fort important pour Suffren, car elle lui permit d'emprunter à l'armée de terre douze cents hommes pour renforcer l'effectif très incomplet de ses équipages. M. de Bussy se prêta de fort bonne grâce aux désirs du commandant de l'escadre; l'embarquement fut effectué avec la plus grande diligence dans la nuit du 17 au 18 juin. Le 18 au matin, Suffren leva l'ancre et fit voile pour attaquer la flotte anglaise. Jusqu'au 20, l'amiral Hughes persista à éluder tout engagement, attendant sans doute un changement de direction du vent. Le 20, cependant, à quatre heures, il cessa toute manœuvre dilatoire et attendit les vaisseaux français. Suffren engagea la lutte avec sa vigueur habituelle, ce qui veut dire qu'il fit donner toutes ses forces ensemble, et que le feu devint en un moment et sur toute la ligne extrêmement vif. Le chef de l'escadre fut cette fois très bien secondé par ses officiers, et notamment par M. de Peynier, commandant de l'avant-garde. Deux heures et demie s'étaient à peine écoulées que chaque escadre comptait déjà près de cinq cents tués ou blessés et que plusieurs vaisseaux, de part et d'autre, étaient fort maltraités. Le vent sépara dans la soirée les combattants, et les ennemis opérèrent pendant la nuit leur retraite vers Madras, nous abandonnant le champ de bataille, et rendant ainsi un éclatant hommage à la vivacité et à l'énergie de notre attaque, ainsi qu'à l'habileté et à la vigueur des dispositions prises par M. de Suffren. Ce succès était le plus décisif qui eût été remporté depuis l'arrivée de l'escadre dans l'Inde; il délivrait Goudelour et pou-

vait rendre la position du général Stuart assez critique. En
effet, Suffren après avoir poursuivi pendant quelque temps
la flotte anglaise, était revenu le 23 juin devant la place as-
siégée, rendait à M. de Bussy ses douze cents hommes, et lui
offrait en outre de débarquer une partie de ses équipages et
de les conduire lui-même à l'assaut du camp anglais. La garnison de Goudelour fit une réception enthousiaste au glorieux
marin qui venait de forcer à la fuite une si belle flotte anglaise. Lorsqu'il mit le pied sur la plage, les batteries le saluèrent de vigoureuses salves d'artillerie ; toute la population
se pressait pour contempler son sauveur, et une foule énorme,
poussant les cris de : « Vive le roi! Vive Suffren! » l'escorta
jusque chez M. de Bussy.

C'est quelques jours seulement après ce brillant combat du
20 juin, le dernier de la campagne de l'Inde, que Suffren
reçut avis de l'amiral Hughes, par une frégate anglaise portant
pavillon parlementaire, que la guerre avait cessé en Europe,
et que des articles préliminaires de paix avaient été signés
à Paris cinq mois auparavant, le 20 janvier 1783. Une sus-
pension d'armes fut aussitôt conclue entre les généraux
anglais et français dans l'Inde. M. de Suffren ne reçut que le
8 septembre, à Pondichéry, des dépêches officielles concernant
la conclusion de la paix et les dispositions à prendre au sujet
des forces navales placées sous son commandement. Le même
courrier lui apporta la nouvelle que le roi l'avait nommé lieutenant-général lorsque avaient été connus à la cour les combats
des 17 février, 12 avril et 6 juillet 1782.

Le retour de Suffren dans sa patrie ne fut qu'un long
triomphe. A Port-Louis, capitale de l'île de France, vingt et
un coups de canon le saluèrent au débarquement; le gouverneur et les officiers de la garnison vinrent au-devant de lui
sur le quai et lui firent cortège jusqu'au palais. « Après sou-
per, toutes les dames de la ville sont venues lui faire une
visite et lui donner une sérénade. » Les mêmes honneurs lui

BATAILLE NAVALE DE GOUDELOUR.

furent rendus au Cap, chef-lieu de l'établissement hollandais du cap de Bonne-Espérance. Neuf vaisseaux anglais se trouvaient à ce moment dans la rade; les capitaines de ces bâtiments s'empressèrent de venir saluer l'amiral français et de lui exprimer leur admiration pour les brillants faits d'armes qui allaient désormais immortaliser la campagne de l'Inde.

Arrivé à Toulon en mars 1784, après trois années d'absence, Suffren put constater, avec une joie bien légitime, que le très grand retentissement qu'avaient eu en France ses premiers combats dans l'Inde et plus tard la prise de Trinquemalay et la victoire de Goudelour, lui avaient conquis un immense prestige. Cette série continue d'exploits accomplis au fond de l'Orient avait vivement frappé l'imagination populaire et compensé en quelque sorte le coup très rude que la défaite du comte de Grasse aux Saintes avait porté à l'amour-propre national. De tous les noms de marins que les Français s'étaient habitués à prononcer pendant le cours de cette guerre maritime de cinq années, il n'en était pas un qu'on prononçât avec autant de fierté que celui du bailli de Suffren.

Suffren était resté longtemps capitaine de vaisseau. Sa belle campagne de l'Inde lui valut un avancement des plus rapides. Nous avons vu qu'il avait été fait chef d'escadre en 1782 et lieutenant-général en 1783. Le roi de France créa pour lui en 1784 une quatrième charge de vice-amiral. Les États de Provence firent frapper en son honneur une médaille portant l'inscription suivante :

LE CAP PROTÉGÉ	GOUDELOUR DÉLIVRÉ
TRINQUEMALE PRIS	L'INDE DÉFENDUE
SIX COMBATS GLORIEUX.	

La paix signée à Paris en 1783 consacra l'indépendance des États-Unis et nous donna aux Antilles Tabago et Sainte-Lucie. Mais elle ne rendit à la France dans l'Inde que des possessions d'une bien faible valeur, celles même qui lui restent encore aujourd'hui, comme un vestige permanent de ce que fut l'empire éphémère franco-indien. Ces possessions sont : Pondichéry, Chandernagor, Yanaon, Karikal, Mahé, c'est-à-dire une ville et quatre grands villages, un territoire de 360 kilomètres carrés, peuplé par environ 200 000 habitants et disséminé sur 2400 kilomètres de côtes.

CHAPITRE XXVIII

LA MARINE DE LOUIS XVI APRÈS LA GUERRE

Considérations générales sur la guerre navale de 1778. — Les officiers généraux. — Tactique nouvelle inaugurée par Suffren. — Les forces des belligérants à la fin de la guerre. — La marine française en 1791. — Supériorité de notre matériel naval. — Dispersion des officiers. — Personnel nouveau. — Trafalgar.

La France avait fait pendant la guerre de l'indépendance américaine un effort maritime considérable. En 1778 elle armait cent soixante-seize bâtiments de tout ordre. Ce nombre s'éleva en 1779 à deux cent soixante-quatre et en 1782 à trois cent vingt-cinq. Le personnel fit souvent défaut; on dut remplacer parfois les matelots par des soldats des troupes de marine et celles-ci par des troupes de terre. Il fut très difficile, non pas même de remplir les cadres, ce qui ne pouvait se faire, mais seulement de les maintenir sur un pied suffisant. De là les embarras que rencontrèrent plusieurs de nos commandants en chef dans le maniement des forces placées sous leurs ordres, et le défaut de concours qu'ils trouvèrent chez quelques-uns de leurs capitaines.

Les officiers généraux étaient en général excellents et connaissaient à fond leur métier. Après les désastres de la guerre de Sept Ans, ils avaient consacré à l'étude leurs loisirs forcés. A aucune époque les travaux scientifiques appliqués à la marine n'avaient été aussi considérables. La conséquence fut que la

plupart des officiers devinrent des tacticiens consommés plutôt que des hommes de guerre accomplis. On peut même leur
reprocher de s'être, dans certaines circonstances, trop exclusivement fiés à l'expérience acquise, aux données de la science,
et d'avoir ainsi laissé échapper, par un excès de prudence
professionnelle, des occasions de succès qu'un peu d'audace
et d'énergique initiative leur eût permis de saisir.

Nous avons vu, dans le cours de ce récit, le comte d'Estaing,
si intrépide devant le danger, dont la bravoure téméraire
inspirait une admiration enthousiaste à ses soldats, se montrer presque timide dans le commandement en chef, reculer
devant une grande responsabilité, et manquer, dans des circonstances décisives, de cette sûreté de coup d'œil, de cette
promptitude de résolution qui conduisent parfois aux grands
revers, mais qui engendrent aussi les triomphes éclatants. La
même remarque peut s'appliquer au comte de Grasse. C'est
peut-être pour n'avoir pas su se décider à temps, soit à combattre, soit à se retirer devant l'ennemi, que cet officier vit
sa grande réputation sombrer dans le désastre des Saintes.

La guerre savante, presque circonspecte, que se firent les
tacticiens d'Angleterre et de France dans les mers d'Europe,
ne pouvait conduire à des résultats décisifs, bien que des
forces considérables fussent mises en ligne de part et d'autre,
les deux marines se trouvant au même degré d'instruction militaire et ayant à peu près la même valeur technique. Aux
Antilles la lutte fut plus vive, et mit plus souvent en jeu l'action
personnelle du commandant d'escadre; les chances étaient
moins égales; succès et revers furent plus accentués. Dans
l'Amérique du Nord, le beau triomphe de Yorktown fut l'heureux fruit d'une combinaison ingénieuse et fort habilement
exécutée qui fit concourir à l'achèvement d'un même dessein
des forces multiples de terre et de mer.

La guerre présenta un aspect plus nouveau dans l'Inde, où
Suffren, génie aventureux, inaugura dans la stratégie navale

une vraie révolution. Bien que possédant admirablement l'art de vaincre selon les règles, il rompit avec la tactique traditionnelle et sut combiner, avec les évolutions savantes et les manœuvres classiques, le système de l'attaque à fond, audacieuse et brutale, méthode dont la première application apparaît dans l'affaire de la baie de la Praya, et qui quelques années plus tard vaudra à Nelson, ce Suffren anglais, les lauriers d'Aboukir et de Trafalgar. Malheureusement Suffren ne disposait que de ressources vraiment insuffisantes. Nous avons dit quel merveilleux parti il sut tirer de ce peu de forces, et comment il suppléait à tout par son génie inventif et son activité industrieuse, par la rapidité et la justesse de son coup d'œil. Il ne put cependant que se maintenir contre un ennemi dont il préparait avec acharnement la destruction complète ; la paix l'arrêta au lendemain du premier succès un peu décisif que ses infatigables efforts eussent obtenu dans tout le cours de cette belle campagne.

La guerre de 1778 ne dura pas assez longtemps pour épuiser les forces des belligérants. La France et ses alliés avaient perdu il est vrai cent dix-sept navires, dont vingt vaisseaux de ligne, et l'Angleterre cent quatre-vingts navires, dont seize vaisseaux de ligne. Mais celle-ci avait encore à flot, en janvier 1783, cent trente-deux vaisseaux et cent cinquante frégates. A la même date les flottes réunies de France et d'Espagne comprenaient cent quarante vaisseaux de ligne, dont soixante à Cadix prêts à faire voile pour les Antilles, où tout se préparait pour une nouvelle tentative contre la Jamaïque ; en outre, le marquis de Vaudreuil avait réparé son escadre à Boston, et les flottes réunies devaient embarquer un corps d'armée réuni à Saint-Domingue. Après cinq années de combats, la lutte pouvait donc recommencer à la fois dans les mers d'Amérique, dans celles d'Europe et dans celles de l'Inde. Partout les forces navales de la France étaient prêtes. Il en résulta que Louis XVI, une fois le traité de paix signé, se trouva posséder une marine militaire comparable à celle des plus belles années du règne de Louis XIV, et qu'il transmit cette marine intacte à la Révolution, tandis que Louis XIV n'avait laissé à ses successeurs que des débris épars du splendide établissement maritime dont Colbert et Seignelay avaient doté la France.

L'amiral Jurien de la Gravière dit qu'en 1791 nous possédions deux cent quarante-six bâtiments de guerre ou de charge, dont dix-huit vaisseaux de quatre-vingts à cent vingt canons, et soixante-sept de soixante canons, plus soixante-seize frégates, une cinquantaine de corvettes et avisos, etc., soit, comme marine de combat (non-valeurs déduites) soixante-seize vaisseaux de ligne et six mille canons. — L'Angleterre avait à la même époque cent quinze vaisseaux, avec près de neuf mille canons.

Notre marine était donc inférieure par le nombre à celle de la Grande-Bretagne. Mais le matériel naval de la France, par suite de l'habileté de nos constructeurs, était devenu, pour l'harmonie des formes, la qualité des bois et des fers, la puissance de l'artillerie, et la solidité de la mâture, le plus beau qui fût en Europe. Grâce à la sollicitude constante et éclairée d'un conseil supérieur de marine où siégeaient d'illustres savants comme Borda, Beausset, le comte de Fleurieu, toutes les imperfections signalées pendant la dernière guerre avaient été successivement corrigées. Nos vaisseaux étaient enfin doublés en cuivre, comme ceux des Anglais. Si nous en croyons l'amiral Jurien de la Gravière, nos vaisseaux de soixante-quatorze valaient mieux que les types correspondants d'au delà du détroit. Les trois-ponts anglais de quatre-vingt-dix et quatre-vingt-dix-huit ne pouvaient lancer une masse de fer aussi considérable que nos magnifiques vaisseaux de quatre-vingts. Nous avions enfin des vaisseaux de cent vingt canons, comme la *Montagne* (devenue plus tard l'*Océan*) et le *Commerce de Marseille*, réputés pour des chefs-d'œuvre d'architecture navale et dont les épaisses murailles semblaient impénétrables aux boulets.

Après 1791 de fâcheux symptômes s'accusent; la construction devient moins soignée; les matériaux sont moins bien choisis, le désordre s'introduit dans les arsenaux, tandis que les Anglais capturent quelques-uns de nos meilleurs bâtiments (entre autres le *Commerce de Marseille*, pris à Toulon) et les donnent comme modèles à leurs constructeurs. Mais c'est sur-

L' « OCÉAN », VAISSEAU DE CENT VINGT CANONS.

tout par le personnel qu'une marine s'affaiblit. Or la plupart des officiers qui avaient appris à manœuvrer des vaisseaux et à diriger des escadres pendant cette guerre de 1778, qui avait offert d'admirables leçons de tactique, avaient à cette époque déjà disparu. De ceux qui restaient, un certain nombre émigrèrent; d'autres furent jetés en prison, quelques-uns périrent sur l'échafaud [1]. Nos flottes passèrent ainsi sous la

1. Suffren, de Grasse, de Guichen, Lamotte-Picquet, étaient morts de 1788 à 1791. Une loi du mois de mai de cette dernière année ayant supprimé l'amirauté

direction d'un nouveau personnel, très brave, très résolu à faire son devoir, comme il en donna tant de preuves éclatantes, mais très inexpérimenté, et contre lequel l'Angleterre allait lancer le plus redoutable de ses amiraux, Nelson. De beaux épisodes, pendant les guerres navales de la République et de l'Empire, interrompirent de temps à autre la série de nos revers, jusqu'au jour où la marine française du XVIIIᵉ siècle vint finir ses destinées près du cap Trafalgar.

de France et les titres de lieutenants-généraux et de chefs d'escadre pour les remplacer par ceux d'amiraux, de vice-amiraux et de contre-amiraux, d'Estaing fut nommé amiral; peu de temps après il fut guillotiné.

FIN

TABLE DES MATIÈRES

— —

Quatrième partie (1782-1783). — La campagne de l'Inde

FIN DE LA TABLE DES MATIÈRES

Imprimeries réunies, **B.**

www.ingramcontent.com/pod-product-compliance
Lightning Source LLC
Chambersburg PA
CBHW061014280326
41935CB00009B/956